抗战时期的西南联合大学校门

抗战时期的西南联合大学校舍

抗战时期的西南联合大学图书馆

西南联大博物馆 / 供图

西南联合大学校务委员会常委、
清华大学校长梅贻琦

西南联合大学校务委员会常委、
北京大学校长蒋梦麟

西南联合大学校务委员会常委、
南开大学校长张伯苓

胡适

闻一多

钱穆

任继愈

西南联大名师课 诸子百家

西南联大博物馆 编
胡适 等 著

人民东方出版传媒
东方出版社

图书在版编目（CIP）数据

诸子百家/西南联大博物馆编；胡适等著. -- 北京：东方出版社，2025.8
（西南联大名师课）
ISBN 978-7-5207-3707-4

Ⅰ.①诸… Ⅱ.①西…②胡… Ⅲ.①先秦哲学 Ⅳ.①B22

中国国家版本馆 CIP 数据核字（2023）第 200934 号

诸子百家
ZHUZIBAIJIA

作　　者：	西南联大博物馆编　胡适等著
责任编辑：	张永生
责任校对：	金学勇
出　　版：	东方出版社
发　　行：	人民东方出版传媒有限公司
地　　址：	北京市东城区朝阳门内大街 166 号
邮　　编：	100010
印　　刷：	三河市龙大印装有限公司
版　　次：	2025 年 8 月第 1 版
印　　次：	2025 年 8 月北京第 1 次印刷
开　　本：	880 毫米 ×1230 毫米　1/32
印　　张：	10
字　　数：	204 千字
书　　号：	ISBN 978-7-5207-3707-4
定　　价：	59.80 元

发行电话：（010）85924663　85924644　85924641

版权所有，违者必究

如有印装质量问题，我社负责调换，请拨打电话：（010）85924602　85924603

丛书编委会

主 编：李红英
副主编：朱 俊 铁发宪

编 委（按姓氏笔画为序排列）：
马艺萌 王 欢 朱 俊 李红英 李 娅
张 沁 祝 牧 姚 波 铁发宪

序

致敬，怀抱薪火者

走进西南联大旧址，很多人，包括我自己，浸润其中经常是情到深处泪自流。这所在抗战烽火中诞生的高等学校，在短短的8年多时间里，创造了中国乃至世界教育史上一个苦难而又光辉的奇迹：

8年中，在战火纷飞、衣食难继的条件下，联大师生中走出了2位诺贝尔奖获得者、8位"两弹一星"功勋奖章获得者、5位国家最高科技奖获得者、175位院士、9位党和国家领导人以及大批蜚声中外的杰出人才。联大的师生经历了革命、建设、改革的各个历史时期，走过苦难却为历史留下丰碑，为今人留下启迪。

一

西南联大，为国立西南联合大学的简称，是抗战烽火中由国立北京大学、国立清华大学和私立南开大学在云南昆明合组而成的一所综合性大学。

1937年卢沟桥事变发生后，平津沦陷。为保存中国教育的火种，沦陷区高校纷纷内迁。1937年8月，上述三所高校迁至长沙，组成国立长沙临时大学。然而，日军铁蹄步步进逼，长沙很快又岌岌可危。于是，长沙临大师生又分三路奔赴昆明。其中一路由近300名师生组成的"湘黔滇旅行团"，横跨湘、黔、滇三省，历时68天，行程3500里。在这支队伍中，有黄钰生、闻一多、曾昭抡等11名教师。联大师生"刚毅坚卓"的品格，于此可见一斑！

1938年4月，师生陆续抵昆，长沙临时大学改称"国立西南联合大学"，5月4日正式开课。1946年5月4日，西南联大宣告结束，三校胜利复员北返，留师范学院在昆明独立设置，定名国立昆明师范学院，1950年改名昆明师范学院，1984年更名为云南师范大学。

这是一所在一无所有基础上结茅立舍的大学！"昆明有多大，联大就有多大"。联大教授任之恭在《一位华裔物理学家的回忆录》中写道："这个大学在昆明最初创立时，除了人，什么也没有。……过了一些时间，都有了临时的住地，或靠借、或靠租。……一旦有了土地，便修建许多茅草顶房屋，用作教室、宿舍和办公室。"

这是一所在躲空袭、"跑警报"中完成教学的战时高校！昆明虽是大后方，但1938年9月后屡遭日本飞机的空袭，"跑警报"成了联大师生的家常便饭。华罗庚在敌机轰炸中差点丧命，金岳霖在"跑警报"中丢失了几十万字的手稿。为了安全，教授们不得不疏散到昆明周边的城郊居住。

即便在如此极度简陋和艰难的环境中，西南联大师生精诚团结，和衷共济，坚持教书救国、读书报国，坚持为国育才，鼎力治学研究，服务抗战救国，引领风气之先，为赓续中华民族的文化血脉创造了中国乃至世界教育史上的奇迹。

梅贻琦、闻一多、朱自清、郑天挺、陈寅恪、钱穆、罗庸、冯友兰、潘光旦、汤用彤、沈从文、唐兰、陈梦家、叶企孙、吴有训、华罗庚、陈省身、吴大猷、王竹溪、赵忠尧、曾昭抡、施嘉炀……大师云集、名家荟萃，真可谓山河破碎时，群星正闪耀。

回望这一个个载入中国教育史、文化史、科学史的名字，他们既是有杰出学术造诣、启迪学生智慧的学问之师，更是操守高洁、能以伟岸人格力量砥砺学生心灵的品行之师。他们以杰出的学识、伟岸的人格力量，以及爱国、科学、民主的精神，影响着那些胸怀读书报国之志的年轻人：杨振宁、李政道、邓稼先、朱光亚、黄昆、郑哲敏、汪曾祺、穆旦、许渊冲、马识途……

大学之"大"，在大师之"大"。西南联大的实际主持者梅贻琦先生有句名言："所谓大学者，非谓有大楼之谓也，有大师之谓也。"西南联大秉持的正是这样的办学理念，凝聚当时的一众教育精英。大师，是大学的灵魂所在。师之所存，道之所在；道之所在，人之所向；英才聚焉，故成其大。

"多难殷忧新国运，动心忍性希前哲。"是爱国主义精神，支撑着联大师生在危难之中能够弦歌不辍，在战火之下依然桃李芬芳。

"千秋耻，终当雪。中兴业，须人杰。"是教育救国的信念，激励他们为国育才，为民族复兴治学，为后人留下了一座座不朽的科学、人文成果的丰碑。

2020年1月20日，习近平总书记考察调研西南联大旧址时指出："国难危机的时候，我们的教育精华辗转周折聚集在这里，形成精英荟萃的局面，最后在这里开花结果，又把种子播撒出去，所培养的人才在革命建设改革的各个历史时期都发挥了重要作用。"

是的，只有教育"精英荟萃"，才有科学与文化"播撒种子、开枝散叶"的可能。有了西南联大的一众名师，才有了国难当头之际，科学与文化的薪火在中华大地上传承不绝的壮观一幕！

致敬，怀抱薪火者！

二

国之大事，在祀与戎。

西南联大旧址及博物馆是西南联大在昆明办学8年的重要物质载体，蕴含着丰厚的历史文化资源，她记载着联大师生的艰难与困苦、成就与辉煌，体现着西南联大在特定的抗战历史条件下为赓续中华民族的文化血脉坚韧不屈的担当与责任。

祀，既是纪念，更要传承。

我们传承和弘扬联大精神，不仅要对西南联大历史文化遗产进行保护，更要通过展陈、宣传、教育、课堂教学等多元、立体方式还原、呈现西南联大的历史，作时代阐释。现在，呈现在读者面前的这套"西南联大名师课"丛书，就是我们整理、编纂和研究西南联大知识分子群体的作品,用各种形式传播他们在极端困难下取得的、至今仍不过时的各种成果。丛书共 10 册,分为《中国历史》、《中国文学》、《中国哲学》、《诸子百家》、《诗词曲赋》、《文化常识》、《人文精神》、《科学精神》、《世界文学》、《世界哲学》10 个主题。编纂这套反映西南联大名师学术思想和精湛教学水平的课程讲义,是为了向大师们致敬,也是为传承和弘扬好西南联大精神,讲好西南联大教育救国故事的一个新成果。

丛书在文章编选上,遵循以下原则:

择师重"名"。丛书精选的名师有 52 位,他们多为影响力较大、在一个或多个学术领域中富有专长的名师,基本上代表了一个时代的学术文化高峰。

选文重"精"。为尽可能展现名师的学术风貌,丛书文章的收录范围,并不限于联大 8 年时间。丛书所选文章共 300 余篇,编辑团队用过的备选底本数量则在此 10 倍以上,以确保能从这些名师的著述中,筛选出具有通识性、思辨性和时代价值的经典文章。

阅读重"易"。丛书立足于让读者读得精、读得懂,尽量精选联大名师著述中通俗易懂、具有可读性和易读性的文章,让读者能获得更好的阅读体验,更加方便地受到优秀文化的滋养。

按照以上编选原则,我们在尊重并保持原作风格与面貌的基础上,进行了仔细编校,纠正了个别讹误。

历史,是最鲜活的,因为它总能给当下的人带来智慧和启迪。因此,我们认为,本丛书的编选,既是对历史的留存,也是为时代讲述。相信，本丛书的出版，能对大家感知西南联大名师课堂的魅力，感受他们的学术风范、家国情怀和人格魅力，有所助益。

是为序。

西南联大博物馆馆长 李红英

编纂说明

"西南联大名师课"丛书,是为了彰显西南联大学术成果、传承和弘扬西南联大精神而编写。在编纂宗旨上,我们借鉴西南联大"通识为本,专识为末"的教育理念,精选多位西南联大名师留下的经典名篇,编为10册,分别是《中国历史》、《中国文学》、《中国哲学》、《诸子百家》、《诗词曲赋》、《文化常识》、《人文精神》、《科学精神》、《世界文学》、《世界哲学》。

何谓"名师"呢?编者认为,所谓名师,就是指在西南联大工作或学习过的"西南联大知识分子群"中比较有代表性的人物。这些人,既有在西南联大任教时,就已经是其所属学术领域的知名学者,如梅贻琦、陈寅恪、朱自清、闻一多、冯友兰等,又有在西南联大任教时间不长,但名字也保存在"国立西南联合大学教职员录"中,还包括获得西南联大聘任而未到任,但名字印刻在"国立西南联合大学教授名录"上的著名学者,如顾毓琇、胡适等。为了体现西南联大文化薪火的传承不绝,本丛书还收录了在西南联大毕业后留在西南联大任教、后来成为各自领域的名家,如历史学家丁则良、古典文学家李嘉言、哲学家任继愈、翻译家王佐良、诗人和翻译家查良铮(穆旦)等人的作品。

在编纂体例上，丛书采用专题讲述的形式。每一册根据主题分为若干篇，每篇下又分为若干讲，均围绕本篇主题讲授。

丛书所选作品有的来自作者的课堂讲义或演说（如在昆明广播电台的广播演说），有的来自作者较为经典的文章或著作。丛书统一以"课"名之，一是凸显作者的"名师"身份，二是体现本丛书所选内容比较通俗易懂，就像他们课堂授课一般娓娓道来。但不可否认，由于时代原因，文中某些字词的用法，与现今略有差异，同时，每位名师在讲述风格、行文习惯等方面，以及作品的体例、格式等方面，也有所不同。为保证本丛书的可读性、准确性和连续性，以及文字、标点符号用法的规范性，我们按照国家有关编校规程，对入选内容作了仔细编校，纠正了个别讹误，并对原文进行了统一体例的处理。

具体编校方式如下：

1. 坚持尊重原作的原则，确保编校工作只是进行技术性处理，不损害作品的原意。

2. 编者所加注释，均以脚注形式出现，并在结尾处标明"编者注"加以区分；作品的出处及参考文献，以尾注形式出现。

3. 入选的部分作品，编者进行了节选。对节选内容，均在作品标题尾部注明"（节选）"字样，加以说明。

4. 文中表示纪年的数字，皆改为阿拉伯数字。为保持全书体例一致，原作正文中表示公元纪年的名称如"西元"、"纪"、"西"、"西历"等，统一为"公元"。同时，编者对表示公元纪年的方法也进行了统一处理，皆以"公元××××年"表示。文中表示时段的数字，统一为"××××—××××年"形式。

5. 为确保作品原貌，对因语言习惯变迁造成的部分文字差异，除确为硬伤、错别字外，对不影响理解作品原意的文字、半文半白的表述中的中文数字，均未作修改，如"的"、"地"、"得"、"底"的用法，"那末"（今作"那么"）、"长三十公尺"等。

6. 作品中出现的译名，与现今通用译名有不尽一致之处，为忠实原作原貌，皆未作改动。

7. 因各年代版本的不同，有些引文与现今版本文字略有出入。在忠实于作者表述的基础上，依据权威版本进行了核对修改。

8. 为更清晰地表达文章内容，本丛书对部分作品，进行重拟标题和分节的处理。

9. 为保障读者的阅读体验，对原作中的标点符号，在不改变原作内容的前提下，本丛书根据2012年开始实施的《标点符号用法》，对部分作品的标点符号进行了规范。

总之，编者希望本丛书能让广大读者从民族危亡时期这些名师的著述中，窥见那一代学人的奋斗与风貌，传承西南联大师生们铸就的优良传统，汲取增强自身文化基础、提升自我认知水平的有益养分。

编　者

目录 | contents

第一篇 诸子泛论

先秦诸子百家四讲

胡　适：诸子不出于王官论 / 003

钱　穆：先秦学术思想 / 012

傅斯年：论春秋战国之际为什么诸家并兴 / 019

毛子水：谈诸子 / 024

第二篇 成仁取义

儒家四讲

张荫麟：孔子 / 031

罗　庸：孔子与颜渊 / 055

冯友兰：孟子哲学 / 062

钱　穆：荀卿 / 084

第三篇 道法自然

道家三讲

傅斯年：《老子》五千言之作者及宗旨 / 099

闻一多：庄子 / 111

胡　适：杨朱 / 131

第四篇 兼爱非攻

墨家四讲

张荫麟：墨子与墨家 / 143

胡　适：《墨翟及其学派的逻辑》导言 / 150

钱　穆：辩者和别墨 / 161

任继愈：墨学的历史地位 / 170

第五篇 以法治国

法家二讲

胡　适：所谓"法家" / 179

冯友兰：论管仲 / 191

第六篇 名辩之学

名家三讲

胡　适：辩者时代的开始 / 207

冯友兰：名家（节选）/ 212

钱　穆：惠学钩沉 / 223

第七篇 阴阳五行

阴阳家三讲

吴　晗：驺衍的历史哲学 / 239

胡　适：阴阳家——齐学的正统 / 247

任继愈：论阴阳五行说 / 263

第八篇 道术统一

杂家四讲

傅斯年：所谓"杂家" / 269

钱　穆：吕不韦著书考 / 271

胡　适：《吕氏春秋》的贵生主义 / 277

胡　适：《淮南王书》论"道" / 287

第一篇 诸子泛论

先秦诸子百家四讲

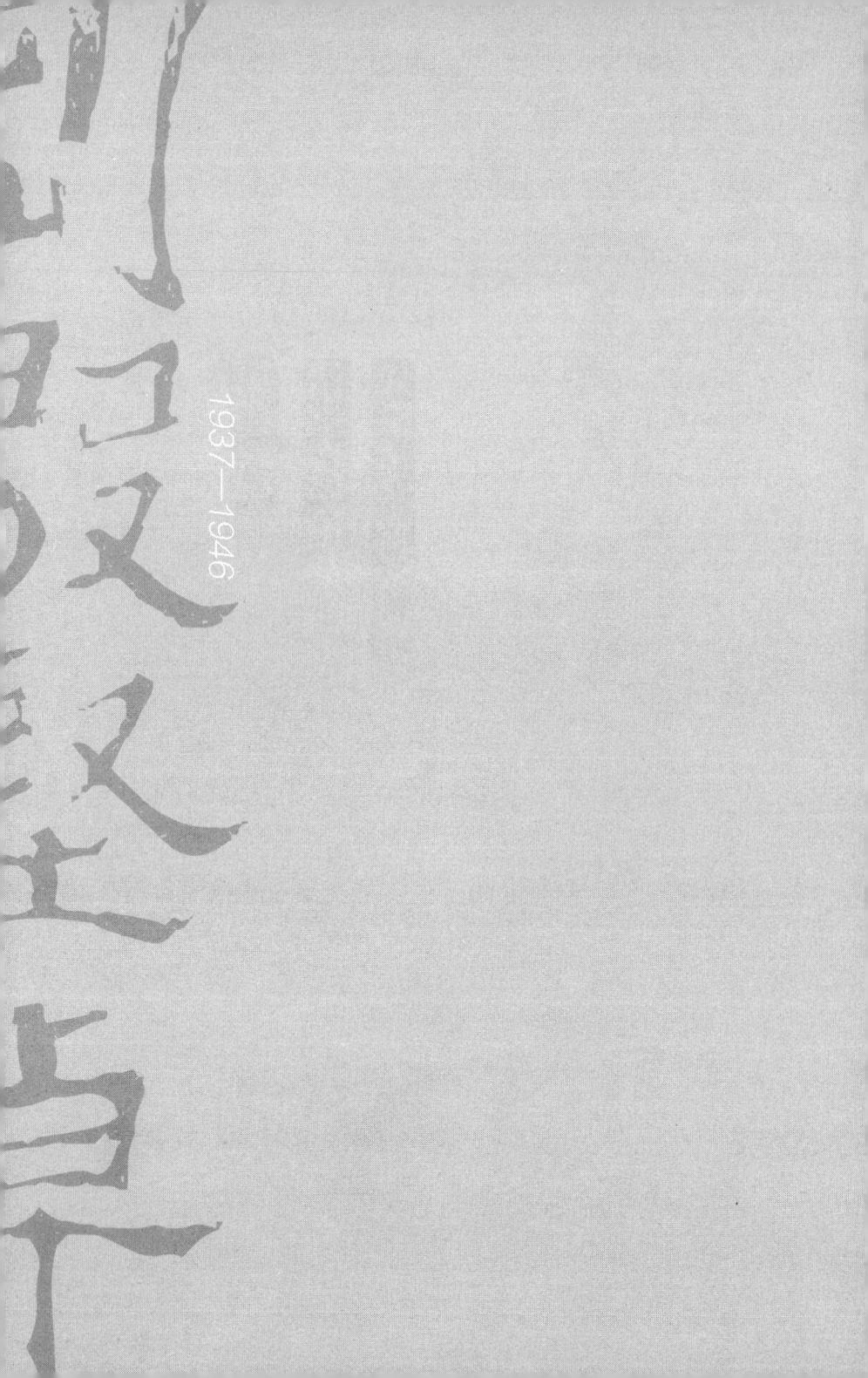
1937—1946

胡适：诸子不出于王官论

1891—1962

今之治诸子学者，自章太炎先生以下，皆主九流出于王官之说。此说关于诸子学说之根据，不可以不辨也。此说始见《汉书·艺文志》，盖本于刘歆《七略》，其说曰：

儒家者流，盖出于司徒之官。……
道家者流，盖出于史官。……
阴阳家者流，盖出于羲和之官。……
法家者流，盖出于理官。……
名家者流，盖出于礼官。……
墨家者流，盖出于清庙之守。……
纵横家者流，盖出于行人之官。……
杂家者流，盖出于议官。……
农家者流，盖出于农稷之官。……
小说家者流，盖出于稗官。……
（本十家。原文有"其可观者九家而已"之语，故但言九流。）

此所说诸家所自出，皆属汉儒附会揣测之词，其言全无凭据，而后之学者乃奉为师法，以为九流果皆出于王官。甚矣，先入之言之足以蔽人聪明也！夫言诸家之学说，间有近于王官之所守，如阴阳家之近于占候之官，此犹可说也。即谓古者学在官府，非史无所得师，亦犹可说也。至谓王官为诸子所自出，甚至以墨家为出于清庙之守，以法家为出于理官，则不独言之无所依据，亦大悖于学术思想兴衰之迹矣。今试论此说之谬。分四端言之。

第一，刘歆以前之论周末诸子学派者，皆无此说也。

甲、《庄子·天下》篇。

乙、《荀子·非十二子》篇。

丙、司马谈《论六家之要指》。

丁、《淮南子·要略》。

古之论诸子学说者，莫备于此四书。而此四书皆无出于王官之说。《淮南子·要略》（自"文王之时，纣为天下"以下）专论诸家学说所自出，以为诸子之学皆起于救世之弊，应时而兴。故有殷周之争，而太公之阴谋生；有周公之遗风，而儒者之学兴；有儒学之敝，礼文之烦扰，而后墨者之教起；有齐国之地势，桓公之霸业，而后《管子》之书作；有战国之兵祸，而后纵横修短之术出；有韩国之法令"新故相反，前后相缪"，而后申子刑名之书生；有秦孝公之图治，而后商鞅之法兴焉。此所论列，虽间有考之未精，然其大旨以为学术之兴皆本于世变之所急，其说最近理。即此一说，已足推破九流出于王官之陋说矣。

第二，九流无出于王官之理也。《周官》司徒掌邦教，儒家以六经设教。而论者遂谓儒家为出于司徒之官。不知儒家之六籍，多非司徒之官之所能梦见。此所施教，固非彼所谓教也。此其说已不能成立。其最谬者，莫如以墨家为出于清庙之守。夫以"墨"名家，其为创说，更何待言？墨者之学，仪态万方，岂清庙小官所能产生？《七略》之言曰：

> 茅屋采椽，是以贵俭。养三老五更，是以兼爱。选士大射，是以上贤。宗祀严父，是以右鬼。顺四时而行，是以非命。以孝视天下，是以上同。

此其所言，无一语不谬。墨家贵俭，与茅屋采椽何关？茹毛饮血，穴居野处，不更俭耶？何不谓墨家为出于洪荒之世乎？养三老五更，尤不足以尽兼爱。墨家兼爱，本之其所谓"天志"。其意欲兼而爱人，兼而利人，与陋儒之养老异矣。选士大射，岂属清庙之守？其说已为离本。至谓"宗祀严父，是以右鬼，以孝视天下，是以上同"，则更荒谬矣。墨家爱无差等，何得宗祀严父？其上同之说，谓一同天下之义，与儒家之以孝治天下，全无关系也。墨家非命之说要在使人知祸福由于自召，丰歉有待耕耘，正攻儒家"死生有命，富贵在天"之说。若"顺四时而行"，适成有命之说，更何"非命"之可言！

凡此诸端，皆足征墨家之不出于王官。举此一家，可例其他。如云纵横之术出于行人之官。不知行人自是行人，纵横自是纵横。一是官守，一为政术，二者岂相为渊源耶！《周礼》尝有掌皮之官矣，岂可谓今日制革之术为出于此耶！

第三，《艺文志》所分九流，乃汉儒陋说，未得诸家派别之实也。古无九流之目。《艺文志》强为之分别，其说多支离无据。如晏子岂可在儒家？管子岂可在道家？管子既在道家，韩非又安可属法家？至于《伊尹》、《太公》、《孔甲》、《盘盂》种种伪书，皆一律收录。其为昏谬，更不待言。其最谬者，莫如论名家。古无名家之名也。凡一家之学，无不有其为学之方术。此方术即是其"逻辑"。是以老子有无名之说，孔子有正名之论，墨子有三表之法。"别墨"有墨辩之书（即今《墨子》书中之《经·上下》、《经说·上下》、《大取》、《小取》诸篇），荀子有正名之篇，公孙龙有名实之论，尹文子有刑名之论，庄周有齐物之篇：皆其"名学"也。古无有无"名学"之家，故"名家"不成为一家之言。惠施、公孙龙，皆墨者也。观《列子·仲尼》篇所称公孙龙之说七事，《庄子·天下》篇所称二十一事，及今所传《公孙龙子》书中《坚白》、《通变》、

《名实》诸篇,无一不尝见于《墨辩》(晋人如张湛、鲁胜之徒颇知此理。至于惠施主兼爱万物,公孙龙主偃兵,尤易见),皆其证也。其后学术散失,汉儒固陋,但知掇拾诸家之伦理政治学说,而不明诸家为学之方术。于是凡"苛察缴绕"(司马谈语)之言,概谓之"名家"。名家之目立,而先秦学术之方法沦亡矣。刘歆、班固承其谬说,列名家为九流之一,而不知其非也。先秦显学,本只有儒墨道三家。后世所称法家如韩非、管子(管仲本无书。今所传《管子》,乃伪书耳),皆自属道家。任法、任术、任势,以为治,皆"道"也。其他如《吕览》之类,皆杂糅不成一家之言。知汉人所立"九流"之名之无征,则其九流出于王官之说不攻而自破矣。

第四,章太炎先生之说,亦不能成立。近人说诸子出于王官者,唯太炎先生为最详。(其说见《诸子学略说》。此篇今不列于《章氏丛书》。)然其言亦颇破碎不完。如引《艺文志》之说而以为"此诸子出于王官之证"。此如惠施所云以弹说弹(见《说苑》),不成论证也。其称老聃为柱下史,为征藏史,以为道家固出于史官;然则孔丘尝为乘田矣,尝为委吏矣,岂可遂谓孔氏之学固出于此耶?又云:"墨家先有史佚,为成王师,其后墨翟亦受学于史角。"史佚之书,今无所考,其名但见《艺文志》。其书之在墨家,亦犹晏子之在儒家与伊尹、太公之在道家耳。若以墨翟之学于史角,为诸子出于王官之证,则孔子所师事者尤众矣。况史佚、史角既非清庙之官,则《艺文志》墨家出于清庙之说亦不能成立。又云"其他虽无征验而大抵出于王官"。然则太炎先生亦知其为无征验矣。

太炎先生又曰:"古之学者多出王官。世卿用事之时,百姓当家则务农商畜牧,无所谓学问也。其欲学者,不得不给事官府,为之胥徒,或乃供洒扫为仆役焉。故《曲礼》云,官学事师。学字本或作御。所谓宦者,谓为其宦寺也。(适按,此说似未必然。郑注云,宦,仕也。《正义》引《左传》宣二年服虔注云,宦,学也。谓学仕官之事。其说似近是。)所谓御者,谓为其仆御也。(适按,原作学,本可通。《正义》谓学习六艺是也。即作御,亦是六艺之一,古者车战之世,射御并重。孔子亦有吾执御矣之言,未必是仆役之贱职也。)……《说文》云:"仕,学也。仕何以得训为学?所谓官于大夫,犹今之学习行走耳。是故非仕无学,非学无仕。"(《诸子学略说》)又曰,"不仕则无所受书"(《订孔·上》)。适按此言古代书册司于官府,故教育之权柄于王官;非仕无所受书,非吏无所得师。此或实有其事,亦未可知。然此另是一问题。古者学在王官,是一事。诸子之学是否出于王官,又是一事。吾意以为即令此说而信,亦不足证诸子出于王官。盖古代之王官,定无学术可言。《周礼》伪书本不足据。(无论如何,《周礼》决非周公时之制度。）即以《周礼》所言"十有二教"及"乡三物"观之，皆不足以言学术。徒以古代为学皆以求仕，故智能之士或多萃于官府。此如欧洲中世教会柄世政，才秀之士多为祭司神甫，而书籍亦多聚于寺院。以故，其时求学者，皆以祭司为师。故谓教会为握欧洲中古教育之柄可也。然岂可遂谓近世之学术皆出于教会耶？吾意我国古代，或亦如此。当周室盛时，教育之权或尽操于王官。然其所谓教，必不外乎祀典卜筮之文，礼乐射御之末。其所谓"师儒"，亦如近世"训导"、"教授"之类耳。其视诸子之学术，正如天地之悬绝。诸子之学，不但决不能出于王官，果使能与王官并世，亦定不为所容而必为所焚烧坑杀耳。此如欧洲教会尝操中古教育之权，及文艺复兴之后，私家学术隆起，而教会以其不利于己，乃出其全力以抑阻之。哲人如卜鲁诺（Bruno），乃遭焚杀之惨。其时科学哲学之书多遭焚毁，笛卡儿至自毁其已著未刊之《天地论》。使教会当时竟得行其志，则欧洲今世之学术文化尚有兴起之望耶？是故教会之失败，欧洲学术之大幸也；王官之废绝，保氏之失守，先秦学术之大幸也。而世之学者乃更拘守刘歆之谬说，谓诸子之学皆出于王官，亦大昧于学术隆替之迹已。

太炎先生《国故论衡》之论诸子学，其精辟远过其《诸子学略说》矣，然终不废九流出于王官之说。（其说又散见他书，如《孝经用夏法说》、《订孔·上》诸篇。）其言曰："是故九流皆出王官。

及其发舒，王官所不能与。官人守要，而九流究宣其义，是以滋长。"(《原学》)此亦无征验之言。其言"官人守要而九流究宣其义"，大足贻误后学。夫义之未宣，更何要之能守？学术之兴，由简而繁，由易而赜，其简其易，皆属草创不完之际，非谓其要义已尽具于是也。吾意以为诸子自老聃、孔丘至于韩非，皆忧世之乱而思有以拯济之，故其学皆应时而生，与王官无涉。诸家既群起，乃交相为影响，虽明相攻击，而冥冥之中已受所攻击者之熏化。是故孔子攻"报怨以德"之言，而其言无为之治则老聃之影响也。墨子非儒，而其言曰："义者，正也。必从上之正下，无从下之正上。"则同于"政者正也"之说矣。又言必称尧舜古圣王，则亦儒家之流毒也。孟子非墨家功利之说，而其言政无一非功利之事。又非兼爱，而盛称禹稷之行，与不忍人之政，则亦庄生所谓"名实未亏而喜怒为用"者耳。荀子非墨，而其论正名，实大受墨者之影响。诸如此类，不可悉数。其间交互影响之迹，宛然可寻，而皆与王官无涉也。故诸子之学皆春秋战国之时势世变所产生。其一家之兴，无非应时而起。及时变事异，则向之应世之学，翻成无用之文，于是后起之哲人乃张新帜而起。新者已兴而旧者未踣，其是非攻难之力往往亦能使旧者更新。儒家之有孟荀，墨家之有"别墨"（别墨之名，始见《庄子·天下》篇），其造诣远过孔墨之旧矣。有时一家之言，蔽于一曲，坐使妙理晦塞，而其间接之影响，乃更成新学之新基。如庄周之言天地万物进化之理，本为绝世妙论，惜其"蔽于天而不知人"（荀卿之语），遂沦为任天安命达观之说。（此说流毒中国最深。《庄子》书中如《大宗师》诸篇，皆极有弊。）然荀卿、韩非受其进化论，而救之以人治胜天之说，遂变出世主义而为救时主义，变乘化待尽之说而为戡天之论，变"法先王"之儒家而为"法后王"之儒家法家。学术之发生兴替，其道固非一端也。明于先秦诸子兴废沿革之迹，乃可以寻知诸家学说意旨所在。知其命意所指，然后可与论其得失之理也。若谓九流皆出于王官，则成周小吏之圣知，定远过于孔丘、墨翟，此与谓素王作《春秋》为汉朝立法者，其信古之陋何以异耶？

（原载《太平洋》第 1 卷第 7 号，1917 年 10 月）

 1895—1990

钱穆：先秦学术思想

一

这次讲演题目是《先秦文化》。"先秦"二字，依字义应是秦以前。但从前讲历史，必言上古唐、虞，以及夏、商、周三代，再分西周、东周，东周又分春秋、战国。为何近代人却提出"先秦"二字？原来此二字通常用来讲诸子。诸子起在战国时期，最先则由春秋末期开始，即如儒家之必尊孔子便是。但前人则同尊老子、孔子，均以为乃春秋时人，若讲战国诸子，则孔、老二人不在内。但不能不提此二人，乃统称之曰："先秦诸子。"依旧观点，先秦诸子自老子始。依新观点，诸子应肇始于儒家之孔子。但仍不说战国诸子，而必称先秦诸子。因此，讲思想史或学术史，宜可把先秦划作一时期。但若讲文化史，则整个古代，不能划分先秦一期为代表。

我今且讲先秦时代之学术思想。此亦文化史中一部分。而在中国古代文化史上，先秦诸子的学术思想，正是重要的一部分。但若讲古代艺术，则应更往前讲，先秦已属不重要。若讲古代文学，则应自《诗经》讲起。《诗经》主要时代在西周，而下及春秋，不能称之为先秦。可知"先秦"二字不宜随便使用，更不应以此二字来代替上古三代。讲秦以前中国文化，至少尚可远溯二千年之久，而且其重要性，则更超于秦后之二千年。

二

今且讲"先秦诸子"之"子"字。古代封建时期，贵族爵位有公、侯、伯、子、男五等，列国诸侯或为公，或为子或男。至春秋后期，大夫亦称"子"，此已是一种僭称。孔子曾任鲁司寇，地位高在一般大夫之上。大夫可分两级：一为"卿"，地位较高。一为"大夫"，地位较低。但可同称为"大夫"，犹如公、侯、伯、子、男皆可同称为"诸侯"。孔子为鲁司寇，为时虽甚短，但其弟子却习称孔子为"子"。因当时大夫例得称子之故。再后则学生称其师皆为子，如墨家称其师为"子墨子"。墨子二字，已随孔子而成为当时之通称。上面再加一"子"字，乃是称其师。此后遂简称孟子、庄子。故弟子尊师称子，凡有三变。首如孔子，仅称子。后如子墨子、子宋子。又后如孟子、庄子。若把老子放孔子之前，此项称呼之演变，便说不明白。又后乃以"子"为"男子"之通称，其实以前甚不然。

三

再论百家之"家"字。《汉书·艺文志》分儒、墨、道、法、名、阴阳、纵横、农、杂、小说,称"九流十家"。《汉书·艺文志》乃根据西汉刘向、歆父子校禁中群书,撰《七略》而做此分类。何谓"九流"？流,如一水之流。如今之称"门类"。同在一水,即同成一流。同在一门,即同归一类。故《汉志》每叙一家,必称"某家者流"。"小说"家分流社会,可以不专门觅师,故与其他九流自成分别。此为刘氏父子之分法。以前人并不如此分。如太史公父司马谈,将战国学者分为儒、墨、道、法、名、阴阳六家,撰有《论六家之要指》。但在战国先期,则仅分儒、墨两家。《韩非子·显学》篇,即以儒、墨为"显学"。此等分法孰当、孰不当,此刻暂不论。今所欲讨论者,乃此"家"字,如"一家之言"等,此"家"字在开始使用时,其含义究如何？加以说明,实甚有关系。

刘向、歆父子将从古全部学术分为《七略》。"略"即类义,七略即犹言学术之七大类或七分野。其第一类称《六艺略》,第二类即为《诸子略》。在《诸子略》中则又分九流十家。《诸子略》、《汉志》称之为"百家之言";而《六艺略》、《汉志》则称之为"王官之学"。可见当时本以"百家"与"王官"为学术之分野。"家"与"官"从字义均从"宀","宀"像居屋。若是一衙门,作为政府办公用者，即称为"官"。若供私人居住，则称为"家"。可知官有"公"义，家有"私"义。百官必统于一尊。官家办公衙门之地位最高者为"王"，王乃天下百家之唯一领导，一切官皆当隶属于王，故称"王官"。家则各自有主，社会私人各有自由，不相统率，故称"百家"，亦称私家。若"官"字与"家"字，得其正解，可知古代学术应有公的王官学与私的百家言。这一分别，却极重要。

四

孔子本以《诗》、《书》、礼、乐设教，但此等本皆为王官之学。如《诗》，本掌于王官。天子祭天祀祖时必加以《颂》，宴飨诸侯歌《大雅》，其他场合歌《小雅》、歌《国风》。此即所谓礼、乐，创自周公，递有因袭。在王朝与列国，各有官主之。可见乐之有《诗》，本属政府主管，故为王官学。《书》乃起于宗庙祝史记载政府之事，其文辞亦由政府掌管。春秋列国皆有史，亦即皆有《书》，墨子所谓"百国宝书"是也。故《诗》、《书》、礼、乐，皆为"王官学"。以今语释之，即是政府中学问。古代是贵族政府，故王官学换言之亦即是当时之"贵族学"。古代封建世袭，唯贵族得为王官，亦唯贵族始掌握学术。社会平民初无学术可言。到后来，王官学逐渐流入平民社会，平民社会亦有学问，则为"平民学"，此乃所谓"家人言"，即"百家言"。《汉书·艺文志》中所谓王官之学流而为百家，若以现代人观念讲述，即是当时之贵族学渐变而为平民学。亦可谓当时之平民学，乃由贵族学转变过来。此乃中国古代文化史上一极大进步。一切学问下流至民间，于是而有社会私家之学。此乃当时一惊天动地之大事。而此一大事，实自孔子一人开始。自有孔子，而中国始有私家讲学。孔子在中国文化史上之伟大处，即此亦其一端。老子实不在孔子前，此事暂容后讲。

五

先秦学者分九流十家，已如上述。但其中仍可再作一分别。如问各家学说内容如何？此中亦可有简单一语道尽者，如道家所讲为"道"，法家所讲为"法"，名家所讲为"名"，阴阳家所讲为"阴阳"等。唯儒、墨两家究竟讲些什么？则颇难从儒、墨两字一望而知。今再问，何以墨家称为墨？此"墨"字究何义？若言墨家第一人为墨子，墨子姓"墨"，故谓之"墨家"，此说实难信。儒家何不称"孔家"？儒、墨两家取义，显当与道、法、名、阴阳诸家相似而有其不同。因此两家较先起，故其取名若与此下诸家稍有不同。《庄子·齐物论》、《韩非·显学》篇论当时学术均只分儒、墨，不及他家。可知其他各家应是后人所分，其学派名亦属后起。而儒、墨两字之含义，则当稍加解释。

"墨"字义近黑。在"五四运动"时稍后，乃有人言墨子为印度人，此实妄说之至。在此时期，各种无根妄说竞起，此亦仅其一例。今且先论"儒"字。《说文》："儒，柔也。术士之称。"此七字应分两句读。"儒，柔也"一句。柔，乃儒之普通义。"术士之称"另一句。术士则为儒之特别义。后人不明此句法，把两句并作一句读，乃谓孔子儒家所讲主柔道。实则《论语》、《孟子》只主刚，不主柔。《中庸》言强；《易》义亦尚刚，《乾卦·象》曰："天行健，君子以自强不息。"庄、老道家始言柔。王弼注《易》，尚知此义。

何谓"术士"？从来亦不得其解。民初夏曾佑在北大教历史，撰写一部中国历史教科书。书中讲儒即"方士"，亦云"术士"，合称"方术之士"。当时群相称述，以为是一种创说。其实创而不确，亦不是真创。许氏《说文》所谓"术士之称"之"术"字，究应如何讲？仍该研释。实则"艺"、"术"二字，古本同义。"术士"亦即"艺士"。古代称礼、乐、射、御、书、数为"六艺"。孔子以六艺教人。六艺亦即可称为"六术"。学六艺之人可称为艺士，亦即可称为术士。儒称术士，正因其学习六艺。当时学数，可为贵族家庭助收田租。学书可为贵族司记录。学御，可为贵族驾车。射乃武事。习射、御，可于贵族阶层中获得较高职事。至于通礼、乐，则更高贵。在内可侍事于宗庙社稷，出使可与各国君、大夫折冲樽俎之间。当时由平民社会进入贵族阶层，则端赖通习此六艺。当时贵族亦常随时物色搜罗此批通习六艺之士以为用。而士之所以习六艺，本亦在求进身于贵族阶层为主。孔子亦即本此而进入贵族阶层者，其弟子亦皆习六艺而获进入贵族阶层。

儒即是当时社会一行业，或称儒，或称术士，亦可谓是当时社会一流品。六艺本是王官之学，由此转入于平民与私家。但儒家创始之更要处，不在于学其"艺"，而更要在于明其"道"。《诗》、《书》、礼、乐，大本大原皆由周公创始。孔子学周公，重要在能明得《诗》、《书》、礼、乐之如何使用，并进而明得《诗》、《书》、礼、乐之缘起，再更明得《诗》、《书》、礼、乐之变通。于此遂产出一套甚深、甚大之思想理论，而在后代中国学术思想史上，不断发生了极大影响。但论"儒"字初义，则只是一种行业。

"儒"字如此，"墨"字亦然。墨之在当时，亦是一行业。我们若明得此意，可知一切学术文化并非凭空生出，亦非由天而降。乃在社会人群实际生活中生长茁壮而来。而要讲中国学术真精神，则更贵明得此意。

（原载钱穆：《讲堂遗录》第1册，九州出版社2011年版）

1896—1950

傅斯年：论春秋战国之际为什么诸家并兴

在回答这个问题之前，我们先要问诸子并兴是不是起于春秋战国之际？近代经学家对于中国古代文化的观念大别有两类：一类以为孔子有绝大的创作力，以前朴陋得很。江永、孔广森和好些今文学家都颇这样讲；而极端例是康有为，几乎以为孔子以前的东西都是孔子想象的话，诸子之说，皆创于晚周。一类以为至少西周的文化已经极高，孔子不过述而不作，周公原是大圣，诸子之说皆有很长的渊源，戴震等乾嘉间大师每如此想，而在后来代表这一说之极端者为章炳麟。假如我们不是在那里争今古文的门户，理当感觉到事情不能如此简单。九流出于王官，晚周文明只等于周公制作之散失之一说，虽绝对不可通；然若西周春秋时代文化不高，孔老战国诸子更无从凭借以生其思想。我们现在关于西周的事知道的太不多了，直接的材料只有若干金文，间接的材料只有《诗》、《书》两部和些不相干的零碎，所以若想断定西周时的文化有几多高，在物质的方面还可盼望后来的考古学有大成功，在社会人文方面恐怕竟要绝望于天地之间了。但西周晚年以及春秋全世，若不是有很高的人文，很细的社会组织，很奢侈的朝廷，很繁丰的训典，则直接春秋时代而生之诸子学说，如《论语》中之"人情"，《老子》中之"世故"，墨子之向衰败的文化奋抗，庄子之把人间世看作无可奈何，皆都若无所附丽。在春秋战国间书中，无论是述说朝士典言的《国语》（《左传》在内），或是记载个人思想的《论语》，或是把深刻的观察合着沉郁的感情的《老子》五千言，都只能生在一个长久发达的文化之后、周密繁丰的人文之中。且以希腊为喻，希腊固是一个新民族，在它的盛时一切思想家并起，仿佛像是前无古人者。然近代东方学发达之后，希腊人文承受于东方及埃及之事件愈现愈多，其非无因而光大，在现在已全无可疑。东周时中国之四邻无可向之借文化者，则其先必有长期的背景，以酝酿这个东周的人文，更不能否认。只是我们现在所见的材料，不够供给我们知道这个背景的详细的就是了。然而以不知为不有，是谈史学者极大的罪恶。

《论语》有"述而不作"的话，《庄子》称述各家皆冠以"古之道述有在于是者"。这些话虽不可固信，然西周春秋总有些能为善言嘉训，如史佚、周任，历为后人所称道者。

既把前一题疏答了，我们试猜春秋战国间何以诸子并起之原因。既已书缺简脱，则一切想象，无非求其为合理之设定而已。

（一）春秋战国间书写的工具大有进步。在春秋时，只政府有力作文书者，到战国初年，民间学者也可著书了。西周至东周初年文籍现在可见者，皆是官书。《周书》、《雅》、《颂》不必说，即如《国风》及《小雅》若干篇，性质全是民间者，其著于简篇当在春秋之世。《国语》乃由各国材料拼合而成于魏文侯朝，仍是官家培植之著作，私人无此力量。《论语》虽全是私家记录，但所记不过一事之细、一论之目，稍经辗转，即不可明了。礼之宁俭，丧宁戚，或至以为非君子之言，必当时著书还甚受物质的限制，否则著书不应简括到专生误会的地步。然而一到战国中期，一切丰长的文辞都出来了，孟子的长篇大论、驺衍的终始五德、庄子的危言日出、惠施的方术五车，若不是当时学者的富力变大，即是当时的书具变廉，或者兼之。这一层是战国子家记言著书之必要的物质凭借。

（二）封建时代的统一固然不能统一得像郡县时代的统一，然若王朝能成文化的中心，礼俗不失其支配的势力，总能有一个正统的支配力，总不至于异说纷纭。周之本土既丧于戎，周之南国又亡于楚，一入春秋，周室只是亡国。所谓"尊天子"者，只是诸侯并争不得其解决之遁词，外族交逼不得不团结之口号。宋以亡国之余，在齐桓晋文间竟恢复其民族主义（见《商颂》）；若《鲁颂》之鲁，也是俨然以正统自居的。二等的国家已这样，若在齐楚之富，秦晋之强，其"内其国而外诸夏"，更不消说。政治无主，传统不能支配，加上世变之纷繁，其必至于摩擦出好些思想来，本是自然的。思想本是由于精神的不安定而生，"天下恶乎定？曰，定于一"；思想恶乎生？曰，生于不一。

（三）春秋之世，保持传统文化的中原国家大乱特乱，四边几个得势的国家却能大启土宇。齐尽东海，晋灭诸狄，燕有辽东，以鲁之不强也还在那里开淮泗；至于秦楚吴越之本是外国，不过受了中国文化，更不必说了。这个大开拓，大兼并的结果，第一，增加了全民的富力，繁殖了全民的生产。第二，社会中的情形无论在经济上或文化上都出来了好些新方面，更使得各国自新其新，各人自是其是。第三，春秋时代部落之独立，经过这样大的扩充及大兼并不能保持了，渐由一切互谓蛮夷互谓戎狄的，混合成一个难得分别"此疆尔界"的文化，绝富于前代者。这自然是出产各种思想的肥土田。

（四）因上一项所叙之扩充而国家社会的组织有变迁。部落式的封建国家进而为军戎大国，则刑名之论当然产生。国家益大，诸侯益侈，好文好辩之侯王，如枚乘《七发》中对越之太子，自可"开第康庄，修大夫之列"，以养那些食饱饭、没事干，专御人以口给的。于是惠施公孙龙一派人可得养身而托命。且社会既大变，因社会之大变而生之深刻观察可得丰衍，如《老子》。随社会之大变而造之系统伦理，乃得流行，如墨家。大变大紊乱时，出产大思想大创作，因为平时看得不远，乱时刺得真深。

综括上四项：第一，著书之物质的凭借增高了，古来文书仕官，学不下庶人，到战国不然了；第二，传统的宗主丧失了；第三，因扩充及混合，使得社会文化的方面多了；第四，因社会组织的改变，新思想的要求乃不可止了。历传的文献只足为资，不能复为师，社会的文华既可以为用，复可以为戒。纷纭扰乱，而生摩擦之力；方面复繁，而促深彻之观。方土之初交通，民族之初混合，人民经济之初向另一面拓张，国家社会根本组织之初变动，皆形成一种新的压力，这压力便是逼出战国诸子来的。

（原载傅斯年：《战国子家叙论　史学方法导论　史记研究》，上海古籍出版社 2012 年版）

1893—1988

毛子水：谈诸子

我国学术史上所谓"诸子"，实在讲起来，正当于现在所谓"哲学家"——政治和道德的哲学家。子本是男子的美称。古代师儒设教讲学，门徒弟子，成为"夫子"，或单言"子"。《论语》一书用这两个名字代表孔子，是最明显的证据。以后百家兴起，都循这个规例。而凡著书立说以传后世的，无论本身是否师儒，亦多袭用"子"名。因此，后世遂有"诸子"的名称。

诸子大都起于战国时代。春秋的后期，大部分因为孔子和他的门徒的力量，学术渐渐普及到平民。到了战国，平民求学更为容易；凡有才知的士人，都可以自成一家，都可以成为"子"。

《汉书·艺文志》分诸子为十家（儒、道、阴阳、法、名、墨、纵横、杂、农、小说）：因为"可观者九家而已"，所以又叫作"九流"（十家除去小说的名称）。其实无论是十家或是九流，都不足为定论；即司马谈所论的"六家"（阴阳、儒、墨、名、法、道），亦还没有得着先秦诸子派别的真相。胡适之先生说过："先秦显学，本只有儒、道、墨三家。"我们据孟子和韩非子的话，知道胡先生的说法是不错的。孟子曰:"杨朱墨翟之言盈天下;天下之言,不归杨则归墨。"(或谓杨朱即庄周,固然没有确证,但杨朱应是一道家,那是无可疑的。)韩非曰:"世之显学,儒墨也。"(韩非子在艺文志属法家;但司马迁以为韩非"喜刑名法术之学,而其归本于黄老"。可见法家是道家的支流。)综合这两个人的话,我们知道战国时代只有这三个学派最有势力、最为大宗。

我们既以诸子为哲学家,则诸子的名称,应包括孔老以至程朱陆王;何以我国人讲到诸子,多只说"周秦诸子"呢?盖春秋以前,学术犹在王官,思想上还没有放出奇异的光彩;到了汉武帝以后,"定一尊于孔子,虽欲放言高论,犹必以无碍孔氏为宗"。(像王充那样的人,实不多见!)思想上已没有多大的独立自由的风气了。只有周秦诸子,"承受师法,各为独立,无援引攀附之事。虽同在一家者,犹且矜己自贵,不相通融"。所以能够各极理致,各坚义旨,而学术遂得有巨大的进步。因此,周秦诸子为我国哲学的渊源,亦为我国哲学的峰巅。(这句话当然不能概括近代西洋哲学输入中国以后;即佛典的哲学,似亦当作为例外。)而谈我国哲学的,便多只说周秦诸子。自然,程、朱、陆、王都是在诸子之列的。

唐以后,人所常读的子书,除《孟》、《荀》、《老》、《庄》以外,还有扬子《法言》和《文中子》。其中儒家独多;乃时代使然。(宋世《孟子》升为经典，不复在子书中。) 其他如管、晏、墨子、韩非、列子等，固亦有诵习者。至清代乾嘉以后，读子书的人渐多，而子书为人所诵习的亦渐多，这是因为从那个时代以后，声音训诂的学问，日以进步，所以能够了解周秦古籍的人亦日以增加。看清代末期，浙江官书局有二十二子的刻行，湖北官书局有百子全书的刻行，便可以知道当时的风气了。(这两部大丛书所包括的，已不限于周秦，且亦不限于哲学书，但周秦诸子的书，存于今世的，这两部丛书中差不多都有。)

现存的诸子书，除去依托的伪书(《管子》、《列子》等)外，很多是真伪杂糅的。(《老子》、《庄子》都是!)且伪书里面，亦有很有价值的材料。(如《管子》这部书便是一个好例!)学者要读古书，已须知辨真伪，又须知真中有伪，伪中有真。一个读书人，要有相当的训练，才能做到这个地步。每读一部古书，最好能求得一种校订或注解最好的版本。如庄子须得有王叔岷的《庄子校正》和郭庆藩的《庄子集释》或钱穆的《庄子纂笺》；荀子须得有王先谦的《荀子集解》或梁启雄的《荀子柬释》；墨子须先有孙诒让的《墨子间诂》；等等。最重要的是，每读一书，先请教对于这部书的专家或名师。

孟、荀、老、墨、韩非、《吕氏春秋》等，为我国几部最古的政治和道德哲学的书。先民所以经纪人伦平章百姓的法度，大部分都在这几部书里面。实在说，周秦诸子和《周易》及《论语》，是我国民族政治哲学和道德哲学最重要的文籍。《论语》是孔子的言行录，和希腊哲人索（苏）格拉底的弟子关于索（苏）格拉底的行述相仿佛，是人类文化最珍贵的记录；但照着图书分类的方法，应当与孟子同列入儒家。《周易》虽然根源于卜巫，乃我国古代关于人生行为的指导书，是我们民族智慧的宝库。若说这部书有玄妙的意义，那是"欺人之谈"。（当然，从一个意义讲，天下的事物，没有比人生行为更为玄妙的！）这部书的来源很古；民间能得以诵习，则应由于孔门弟子传播学术的功劳。大概卦爻的"架子"，是古代王官的遗产，而一切辞义，应是儒家所整齐修饰的。《易》虽然自战国后期便为六经的一种，实在是一部哲学书，而当列入儒家中的。严格的批评起来，《六艺略》中的"六经"，《易》应入《诸子略》，诗应入诗赋略；其余"四经"，则都是史书。（这亦不过就大体讲罢了；《礼记》中的《礼运》、《学记》、《中庸》、《表记》、《儒行》、《大学》等篇，都是应该录入《诸子略》中的！）从思想史的观点讲，诸子的重要，比起《六艺略》中的《书》、《礼》、《春秋》来，有过之而无不及。

（原载《毛子水文存》，华龄出版社 2011 年版）

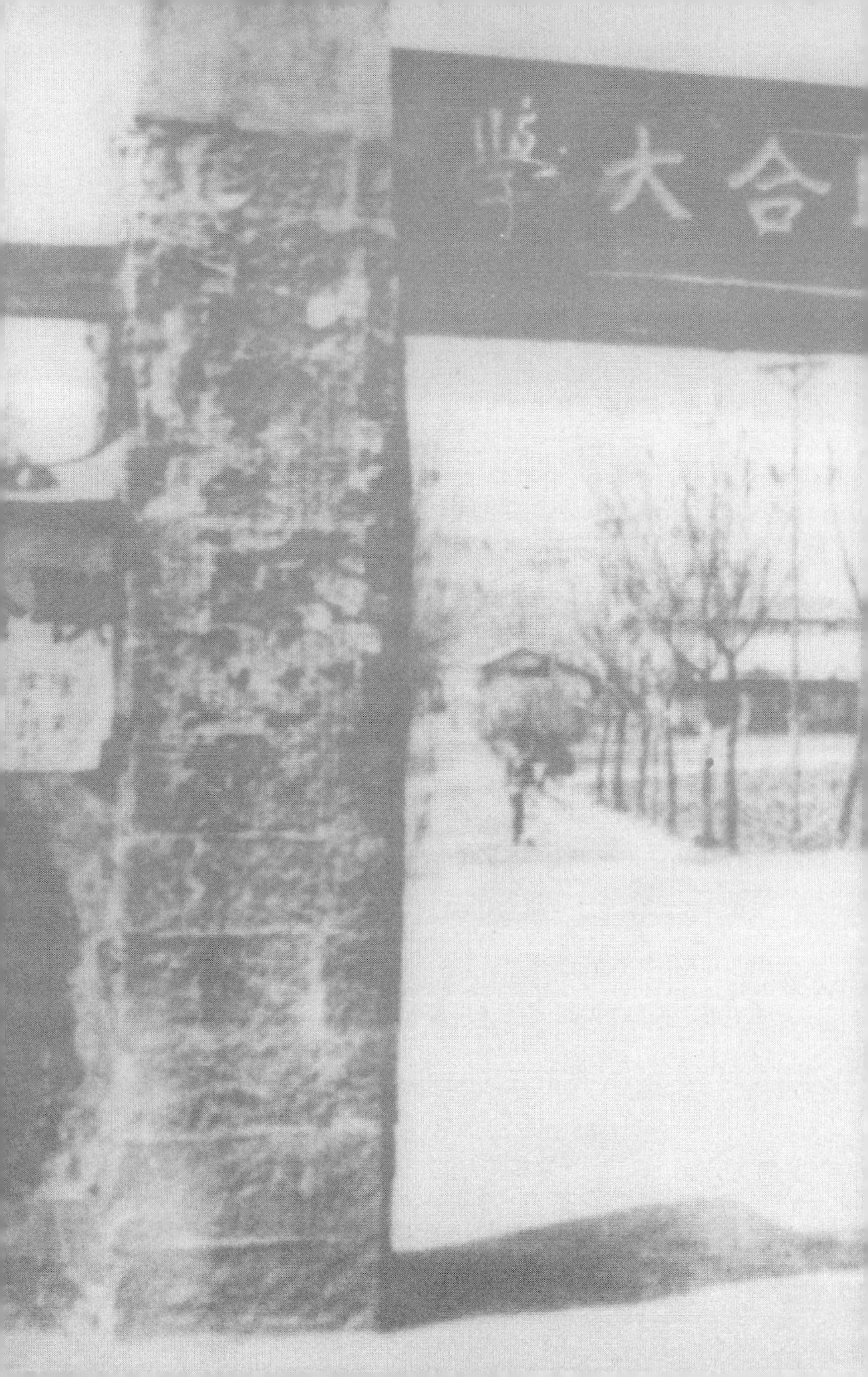
合大学

第二篇 成仁取义
儒家四讲

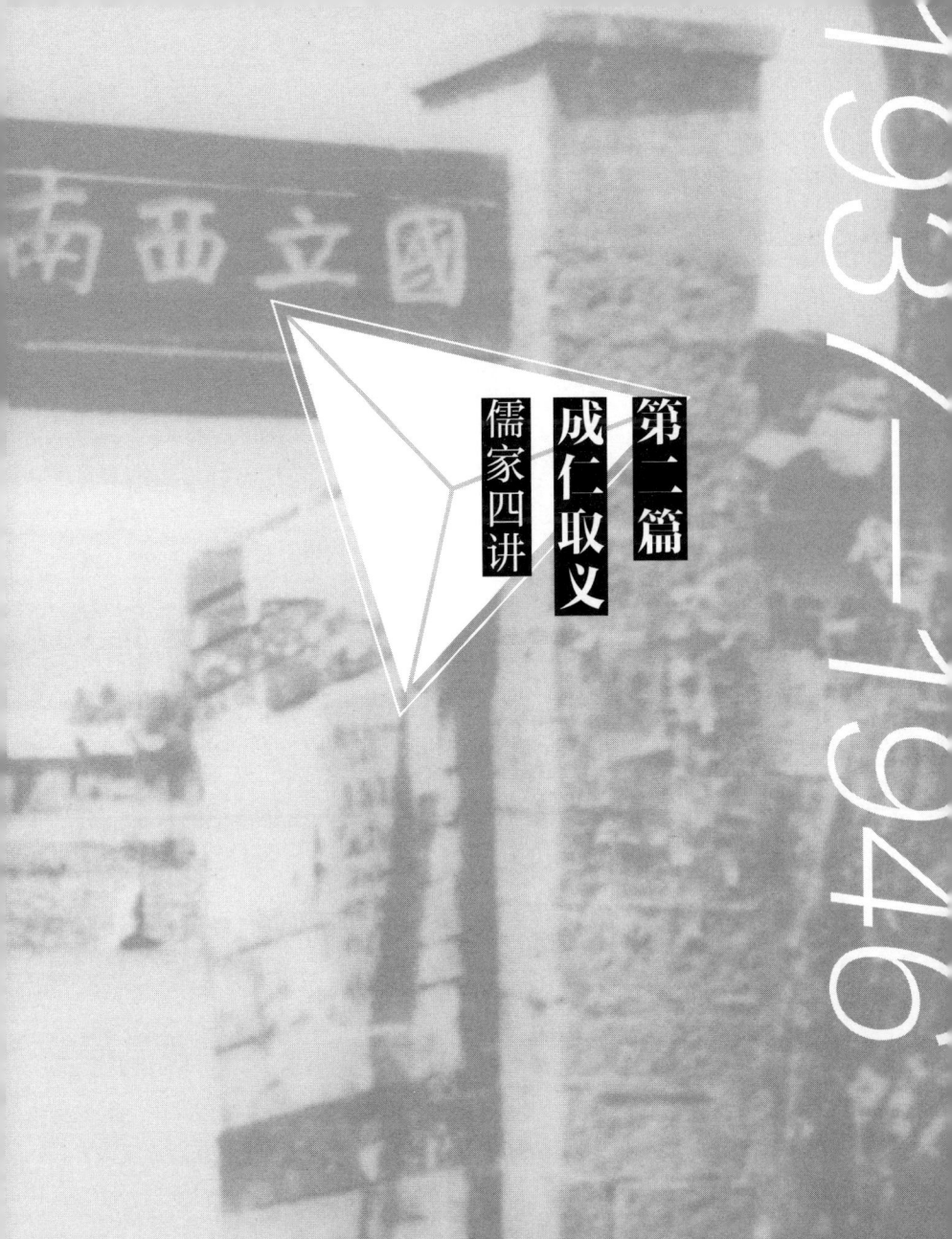

1937—1946

1937—1946

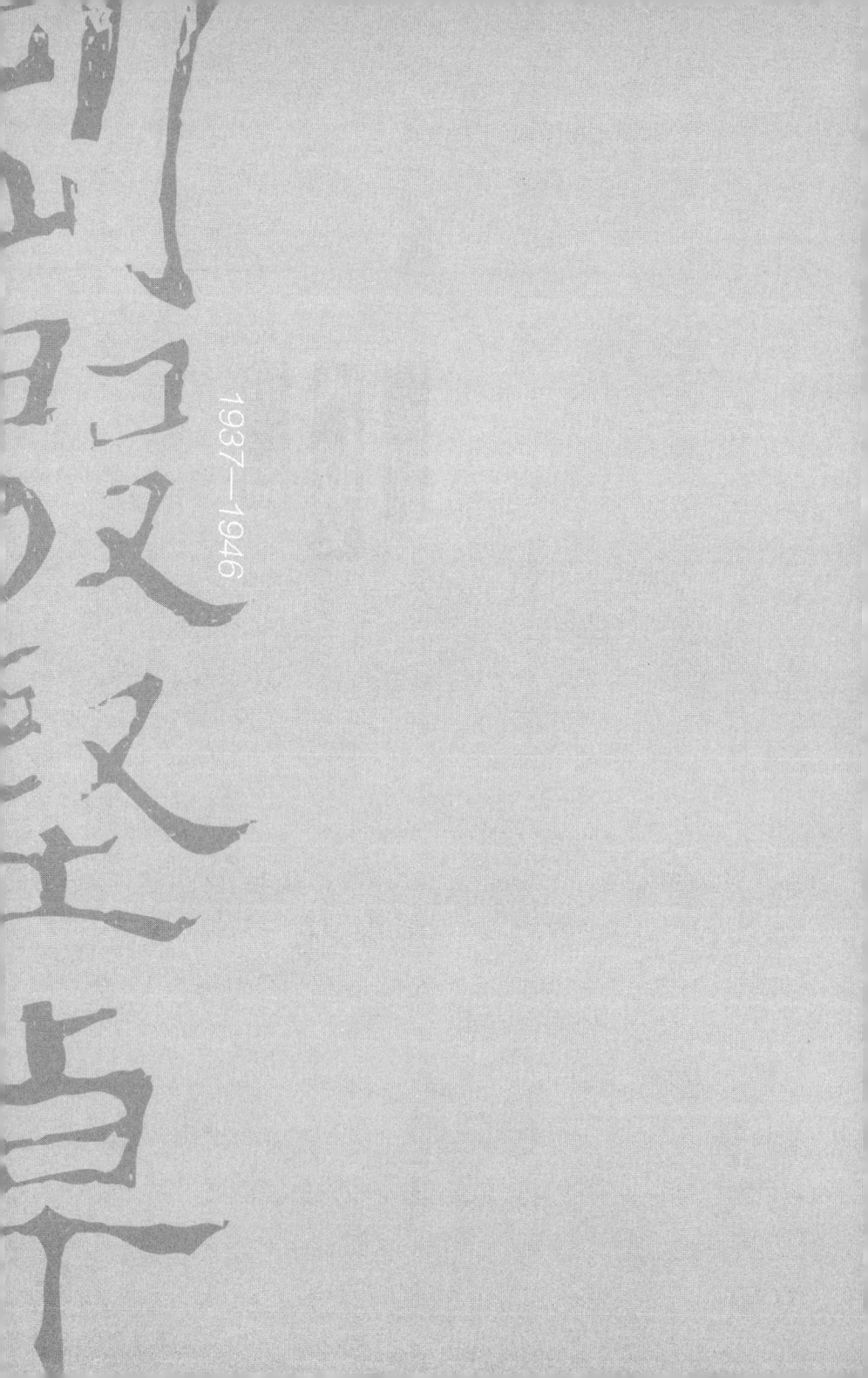

1905—1942

张荫麟：孔子

一

孔子以公元前 552 年①生于鲁都附近的鄹邑。他的先世追溯到周厉王时宋国一个让君位给兄弟的公子弗父何。何三世至正考父，是位佐命三朝的元老，以一首箴诫恭敬小心的鼎铭著闻。那铭文道：

一命而偻，再命而伛，三命而俯，循墙而走，亦莫余敢侮。饘于是，粥于是，以糊余口。

正考父虽然稳健到走路也要挨墙，他的儿子孔嘉父却当宋殇公十年十一战的时代做着大司马，后来在民怨沸腾中，被一位作乱的大夫杀了。一说嘉父的儿子避难到鲁国，一说他的曾孙防叔始迁居鲁国，未知孰是。防叔的孙孔纥便是孔子的父亲。孔纥是位名闻于诸侯的大力士。历史上记着他两件战功。（一）公元前 563 年，晋人因为要灭偪阳国，来封给向戌（后来向戌不受，给了宋国），率

---

① 一说孔子生于公元前 551 年。——编者注

领诸侯的兵攻它的都城（在今山东峄县南五十里）。先锋的武士刚进入郭内，悬门忽然落下。幸亏孔纥在场，推起悬门，把他们放出。（二）公元前556年，齐师侵鲁，把鲁大夫臧纥围在防邑里。孔纥亦在围中，他半夜率领三百名甲士袭击齐军，乘齐人忙乱中，把臧纥送走，然后回营固守。齐人无可奈何而退。此役过后五年而孔子生，那是孔纥晚年续娶的颜氏女所出。

在孔子成年以前，他的父母先后去世了。他怎样在孤贫的轭下发展他的天才，已不可得知。传说他儿时嬉戏，常陈列俎豆等类的祭器，模仿礼容。据他的自述，他十五岁便立志向学。他又谦说过，"我少时微贱，故多能些鄙事"。他所能的"鄙事"现在也不可尽考。我们只知道，他承着武士的家风，射御是习过的；他为贫而仕，先后曾替贵族管过会计和畜牧，都很称职；但他的志向却在礼、乐、诗、书之类。他对于学问，迷恋到时常废寝忘食。他自己曾说："在十家村里也必定有像我一般忠信的人，但不像我好学。"他生平最大的自夸只是"为之不厌，诲人不倦"。当三十岁左右，他的学问，尤其是礼仪的学问，已经大成。从此他的声名日益显著，跟随他的弟子日益众多。

本来在特别讲究排场、拘牵仪节的鲁国，一个熟悉一切礼文的人已是够受尊崇的了，何况孔子"博学而无所成名"？加以他由一个乡下出来的穷小子，没有父母的提携，没有师傅的传授，但凭自己的聪明勤敏，居然成了最高学问的权威。这样的人在当时是没有前例的，这样的人是很足以使得鲁国的贵族和民众惊异，很足以惹动他们的想象的。

他们和孔子接近时所得的印象又怎样呢？他的衣冠总是整齐而合宜的；他的视盼，温和中带有严肃；他的举止，恭敬却很自然。他是一个理想的鲁人。他平常对人朴拙得像不会说话，但遇着该发言的时候，却又辩才无碍，间或点缀以轻微的诙谐。他永远是宁静舒适的。他一点也不骄矜，凡有所长的他都向其请教。便是他和别人一起唱歌，别人若唱的好，他必请再唱一遍，然后自己和着。他的广博而深厚的同情到处流露。无论待怎样不称意的人，他总要"亲者不失其为亲，故者不失其为故"。他的朋友"生于我乎馆，死于我乎殡"。他遇见穿丧服的人，虽是常会面的，必定变容。他在有丧事的人旁边吃饭，从未曾饱过；当天看见他的眼泪，便不会听到他的歌声。

这样的人天然要受普遍的爱悦。信仰天帝的鲁人，在尊崇、爱悦和惊异中，更记起孔子的先世的尊贵和光荣，便生出非常的期望和拟想，说他是天降的圣人，说他是生来就有知识的。当孔子三十五岁的一年，鲁大夫孟僖子（*属于鲁国最有势力的三家之一*）于临死时遗嘱他的两个儿子务必跟孔子学礼，并且说道："我听说不久要有一个伟人出现，叫作孔丘。他是哲人的后代。……臧孙纥

（鲁国著名智慧的贵族，于孔子三岁时出奔齐国）说过：哲人有明德的若不在当世行道，他的后代必定有伟人。现在要应在孔丘身上了罢？"

在众望所归的空气中，孔子哪能菲薄自己？他也相信天意，他更相信天意要他负起救世的责任。

二

孔子生于向戌的弭兵大会前六年。此会之后，中原的战争暂时减少，但剧战的场所不过移到江淮一带，兵祸的真正消弭还没有希望的端倪。在另一方面，此会前后的一百年内，旧秩序的破坏加甚。至少在宋、鲁、郑、齐、晋等国，政柄落在大夫，君主成了傀儡；诸巨室彼此钩心斗角，不时搅起内乱。鲁国到底是君子之邦，它的巨室"三桓"（皆出自桓公的，故名）绝少自相残害。他们采用分赃的办法。公元前537年（孔子十五岁），他们把公室的土地人民分为四份，季孙氏拣取了两份，叔孙氏和孟孙氏各得一份，此后三家各对公室纳些小的贡赋，便算补偿。三家妥协，鲁君更不好做。公元前517年（孔子三十五岁），昭公讨伐季氏，结果给三家合力赶走，在外国流寓了七年而死。这还不够，恶人自有恶人磨。跋扈的大夫每受制于更跋扈的家臣，这也是鲁国的特色。公元前538年（孔子十四岁），竖牛叛叔孙氏，把他禁在一室，活活的饿死。公元前530年（孔子二十二岁）南蒯叛季孙氏，据了费邑三年。但这些还是局部的事变。公元前505年（吴王阖闾攻破楚都之次年，孔子四十七岁）季孙氏的家臣阳虎勾结了季孙氏和叔孙氏两家中不得志的分子，起了一场大政变。名副其实的阳虎把季孙氏囚禁起来，迫得他立誓屈服，然后放他。更挟持鲁君，放逐敌党，居然做了三年鲁国的独裁者，而且不知凭什么手段，很得民众的归服。三桓也俯首帖耳，听阳虎驱使。后来阳虎要除去他们，将自己的党羽替代季孙氏和叔孙氏，以自己替代孟孙氏。本来隐忍旁观的孟孙氏（即奉父命从孔子学礼的孟懿子）被迫作困兽斗。结果，出乎大家意料之外的，阳虎兵屡败，逃奔齐国。但次年（公元前500），叔孙氏所属郈邑的马正侯犯又杀了邑宰，据郈作乱，幸而他无勇无谋，几个月内即被解决。鲁国如此，本来破落的周室又复崩分。公元前520年（孔子三十二岁），景王死，王子朝纠合无数的失职的官吏和失意的贵族乘机作大规模的暴动。从此畿内抚攘了二十年，赖晋国屡次出兵援助，才得平定。

旧秩序的破坏不仅在政治方面。弭兵大会以前的长期混战除摧毁了无数的生命和财产外，还摧毁了许多的迷梦。它证明了"昊天不惠"，它证明了"渝盟无享国"一类的诅誓只是废话，它证明了"牲牷肥腯，粢盛丰洁"无补于一国或一身家的安全，它证明了人们最可靠的靠山还是自己。当郑子产昌言"天道远，人道近，它们是不相及"的时候,理智的锋刃,已冲破了传统迷信的藩篱。从前尽人相信一切礼法制度是天帝所规定的,现在有人以为它们是人所创设而且是为人而设的了。从前尽人相信王侯是代表天帝("君,天也"),神圣不可侵犯的,现在恶君被弑或被逐,有人公然说他罪有应得,并且对叛徒表同情了。孔子曾慨叹道:"我还及见史官阙文,有马的借给人骑。如今都没有了!"这两种变迁虽然本身很小,它们的象征的意义却很大。它们象征"世风日下,人心不古"的总趋势,社会组织蜕变时所必有的趋势。因为旧道德的力量减少,又因人口增加,都邑扩大,贵族和庶民间的关系日益疏远,礼教的拘束和威仪的镇压已不够做统治之用,所以有些精明的贵族感觉到制定成文的刑法的必要。公元前536年(孔子十六岁),郑子产把所作的刑书铸在鼎上;公元前513年(孔子三十九岁),晋人也把范宣子所作的刑书(范宣子卒于公元前549年,其作刑书年不详)用同样的方式公布。这些都是非常的创举,在当时受着严厉的非议的。

孔子所处的时代的性质已约略表过。在宗教思想上,孔子是大致跟着时代走的。他虽然还相信一个有意志有计划的天帝,但那已经不是可以用牺牲玉帛贿买的天帝,而是在无声无臭中主持正道的天帝了。他绝口不谈鬼神的奇迹。有人向他请教奉事鬼神的道理,他说:"未能事人,焉能事鬼?"再向他请教死的道理,他答道:"未知生，焉知死？"他教人"敬鬼神而远之"，教人"祭如在"。"远之"就是不要当真倚靠它们，"如在"就是根本怀疑它们的存在了。不过既然根本怀疑它们的存在，为什么还要向它们致祭，为它们举行繁缛的葬礼，并且守着三年之丧呢？孔子的答案是以此报答先人的恩德，非如此则于心不安，于心不安的事而偏要做便是不仁。把宗教仪节的迷信意义剥除，只给它们保留或加上道德意义，这种见解虽然不必是孔子所创，在当时乃是甚新的。

在政治主张上，孔子却是逆着时代走的。他的理想是以复古为革新，他要制裁那些僭越的家臣、僭越的大夫、僭越的诸侯，甚至那些不肯在贵族的铁蹄下安守旧分的民众。他的理想是：

天下有道，则礼乐征伐自天子出。
……
天下有道，则政不在大夫。
天下有道，则庶人不议。

孔子是历史兴趣很深的人，他也曾以"敏而好古"作自己的考语。他尽力考究了三代的制度之后，觉得周代吸取了前二代的精华，文物灿备，不禁说道"吾从周"。除了一些小节的修正，像"行夏之时，乘殷之辂……乐则韶舞"等等以外，他对于西周盛时的文物典章全盘接受，并且以它们的守护者自任。他盼望整个中国恢复武王、周公时代的旧观。

他的理想怎样实现呢？照他不客气的看法，只有等待一个"明王"出来，用他弼辅，像武王之于周公。手把大钺的周公，那是他毕生憧憬着的影像。在晚年他还因"不复梦见周公"而慨叹自己的衰颓。不得已而思其次，若有一个霸主信用他，像桓公之于管仲，他的理想也可以实现一部分。他对于管仲也是不胜欣慕的。更不得已而思其次，若有一个小小的千乘之国付托给他，如郑国之于子产，他的怀抱也可以稍为展舒。他的政治理想虽高，他对于一个弱国自处的切实办法，并不是捉摸不着。有一回他的门人子贡向他问政，他答道，要"足食，足兵，人民见信"。问：若不得已在三项中去一，先去哪项？答道："去兵。"再问：若不得已在余下的两项中去一，先去哪项？答道："去食。从古都有死，人民没有信心便站不住。"他又说："一个国家，不怕人口少，只怕人心不安，不怕穷，只怕财富的分配不均。"这些话显然是针对着大家只知道以贫弱为忧的鲁国而发的。

"假如有用我的，仅只一周年也可以，三年便有成功。"他说。

三

但是谁能拔用孔子呢？鲁昭公不用说了，他十九岁即位，"犹有童心",况兼是个傀儡。孟孙氏大夫孟懿子是孔子的门人,但他还是个后生小子。三家之中,季氏最强,大权独揽。他便是曾以僭用天子礼乐,致孔子慨叹"是可忍,孰不可忍"的。不久,更不可忍的事发生,昭公被逐,孔子便往齐国跑。

　　他到齐国,大约是避乱的成分少,而找机会成分多。这时距齐人灭莱之役已五十年;景公即位已三十一年;崔、庆、栾、高诸巨室已先后被灭;陈氏已开始收拾人心,蓄养实力。景公固然不是个怎样的贤君。他的厚敛曾弄到民力的三分之二归入公家;他的淫刑曾弄到都城的市里,"屦贱踊（被刖者所用）贵"。他听到"天下有道,则礼乐征伐自天子出"一类的话,当然要皱眉。但他听到"天下有道,则政不在大夫"一类的话却不由不大赞"善哉！善哉"。他一高兴,孔子的生活便有着落了。但不知是他的眼力,抑或是他的腕力不够呢？他始终没有任用孔子。孔子在齐七八年,虽然养尊处优,还是（用他自己的比喻）活像一个葫芦,被人"系而不食"。这是孔子所能忍耐的么？乘着鲁定公即位（公元前509年）,鲁国或有转机,他便回到祖国。

　　他归鲁后约莫三四年而阳虎的独裁开始。眼光如炬的阳虎就要借重孔子。他知道孔子不会干谒到他的,却又不能屈身去拜候一个穷儒。依礼,贵臣对下士若有所馈赠而他不在家接受,他得到贵臣门上拜谢。于是阳虎探得孔子外出的时候,送一大方熟猪肉给他。

孔子不傻，也探得他外出，然后去拜谢。可是他们竟在途中相遇。阳虎劈头就说：

"来！我和你说句话。怀着自己的宝贝，却瞒着国人，这可谓仁吗？"

"不可。"孔子只得回答。

"喜欢活动，却坐失时机，这可谓智吗？"

"不可。"孔子只得回答。

"日子一天天的过去了！岁月是不等待人的！"

"是，我快就出仕了。"孔子只得回答。

但他没有出仕，而阳虎已倒。这时他的机会可真到了。他的门人孟懿子因为发难驱阳的大功，在政府里自然争得相当的发言权。季孙氏大约也一方面惩前毖后，想收回已失的民心，一方面感念孔子不附阳虎，便把大司寇一席给他。这时孔子有五十多岁，距郑子产之死有二十多年。

子产的人格和政绩是孔子所称赞不厌的。他说子产有君子之道四："其行己也恭，其事上也敬，其养民也惠，其使民也义。"此时孔子的地位也有点和子产的相像：郑之于晋楚，犹鲁之于齐晋；郑之有七穆，犹鲁之有三桓。所不同的：子产自身是七穆之一，而且得七穆中最有力的罕氏拥护到底；孔子却没有一田半邑，而他受季氏的真正倚任也只有三个月，虽然大司寇的官他至少做了三年（从定公十一—十二年）。但他在无可措施中的措施也颇有子产的风度。

公元前500年（定公十年）孔子辅佐着定公和齐景公会盟于夹谷（齐边地）。有人向景公说道：孔丘这人虽熟悉礼仪，却没有勇力。假如叫莱兵逼胁鲁侯，必定可以得志。景公依计。不料"临事而惧，好谋而成"的孔子，早就设着武备。他一看见莱兵，便护着定公退下，并命令随从的武士们动手；接着说了一番"夷不乱华……兵不偪好"的道理，直斥齐人此举，于神是不祥，于道德是不义，于人是失礼。齐侯气沮，只得遣退莱兵。临到将要结盟，齐人在盟书上添写道："齐师出境而不以甲车三百乘从我者有如此盟。"孔子立即命人宣言，齐人若不归还汶阳的田，而责鲁人供应，也照样受神罚。后来齐人只得归还汶阳的田。

孔子在鲁司寇任内所经历的大事，除了夹谷之会，便是公元前502年的"堕三都"运动。所谓"三都"就是季孙氏的费邑、叔孙氏的郈邑和孟孙氏的成邑。"堕三都"就是要将这三邑的城郭拆除。三邑之中，费、郈都是旧日家臣叛变的根据地。而费邑自南蒯失败后，不久便落在另一个家臣公山不狃之手。不狃是阳虎的党羽。阳虎既倒，他还屹然不动。"堕三都"一方面是要预防家臣负隅作乱，一方面亦可以削弱三桓。二者都是和孔子素来的政治主张相符的，故此他对于此举，极力赞勷，虽然主动的却似乎不是他，而是他的门人子路，这时正做着季氏的家宰的。子路之发动此事原是尽一个家臣的忠悃。此时费邑已成了季氏腹心之患，非堕不可的。季孙氏地广邑多，毁一城满不在乎。但叔孙和孟孙二氏各毁一大城则元气大损，这也是于季孙氏有利的。叔孙氏犹有侯犯之乱可惩。至于孟孙氏堕成，好比一个无病的人白陪人家喝一剂大黄巴豆，完全是犯不着的。所以堕成议起，他一味装聋。后来定公率兵围成，没有攻下，便把它放过。但郈、费二城到底被堕了，堕费最费气力，孔子受季孙氏三个月的倚任就在此时。原来公山不狃不待季孙氏动手，先自发难，率费人袭入都城。定公和三桓仓皇躲进季孙氏的堡中，被费人围攻着。叛徒快到定公身边了，幸亏孔子所派的援兵及时赶到，把费人杀败。其后不狃势穷，逃往齐国。

堕费之役孔子虽然立了大功，但不久（公元前497年？）孔子便辞职。他辞职的直接原因，有人说是祭余的烧肉没有照例送到，有人说是季孙氏受了齐人的女乐，三日不朝。孰是孰非，无关宏旨。总之，季孙氏的势力完全恢复了以后，再没有可以利用孔子的地方了，再不能维持向日对孔子的礼貌了。鲁国再没有孔子行道的机会了。他只好再到外国去碰碰运气，虽然他不存着怎样的奢望。如鲁国一个守城门的隐者所说，他原是个"知其不可而为之者"。

但是到什么地方去呢？齐的韶乐虽然值得孔子再听，齐景公却值不得他回顾。卫虽小国，地理上和政俗上却最与鲁国接近。恰好这时子路的连襟弥子瑕甚得卫灵公的宠信。去职的次年，孔子便领着一班弟子来到卫都帝丘（在今河南濮阳县西南）。这时距卫人第一次避狄迁都——从朝歌（在今河南淇县）迁到楚丘（在今河南滑县），有一百六十多年；距卫人第二次避狄迁都——从楚丘迁到帝丘，有一百三十多年。当第一次迁都时，朝歌的遗民男女合计只有七百三十口。经过长期的休养生聚，新都又成了熙熙攘攘的大邑。孔子入境，不禁叹道：

"好繁庶呀！"

"既繁庶了，还要添上什么呢？"给孔子驾车的弟子冉有忙问。

"添上富。"孔子答。

"既富了，还要添上什么呢？"

"添上教。"

但此时卫灵公正被夫人南子迷得神魂颠倒，哪里有闲心去管什么富咧、教咧，只照例用厚禄敷衍着孔子。孔子居卫些时，觉得没味，便又他去（公元前496年？）。此后十多年间，他的行踪，记载很缺略，而且颇有参差。我们比较可以确知的，他离卫后，到过宋、陈和楚新得的蔡地，中间在陈住了好几年。公元前485年（鲁哀公十年）自陈返卫，约一年后自卫返鲁。此外他也许还经过曹、郑，到过故蔡以外的楚境。

在这长期的奔波中，孔子不独遇不着一个明君，而且遇了好几次的生命危险。当他过宋时，向戍的曾孙桓魋不知因为什么对他发生恶感,要杀害他,幸亏他改装逃脱。当他过匡(郑地?)时,受过阳虎荼毒的匡人错认他是阳虎,把他连群弟子包围起来。幸亏匡人没有错到底。在陈、蔡的边境时,因为"无上下之交",粮糈断绝,他和弟子们曾经饿到站立不起。

这些困厄并没有压倒孔子的自信心。当在宋遇难时,他说:"天生德于我,桓魋其奈我何!"当在匡遇难时,他说:"文王死了以后,文教不在这里吗?难道天要废弃这些文教吗?难道后来的人不得承受这些文教吗?天没有废弃这些文教的,匡人其奈我何!"

在旅途中孔子曾受过不少隐者的讥讽。有一次他使子路去向两个"耦耕"(此时牛耕尚未发明,两耒相并,合力破土,谓之耦耕)的农人问渡头的所在。甲说:

"在车上执辔的是谁?"

"是孔丘。"子路答。

"是鲁孔丘么?"

"是的。"

"这人便知道渡头的所在了!"甲说。

子路只得向乙请问。

"您是谁?"乙说。

"是仲由。"子路答。

"是鲁孔丘的徒弟么?"

"是的。"

"满天下都是洪水滔滔,一去不返的,谁能改变它呢?而且您与其跟随到处要避人的志士,何如索性跟随避世的隐士呢?"乙说完了,不断的覆种。

子路回去告诉孔子。孔子说:"鸟兽是不可与同群的。我不和这世人在一起却和谁在一起呢?假如天下有道,我便不去改变它了。"

但政治方面的否塞使得孔子救世热情终于不能不转换方向。当他最后由蔡回到陈的时候,他叹道:"归罢!归罢!我们这班天真烂漫的小子,好比织成了文采斐然的锦,却不知道怎样剪裁。"这时他已隐然有以教育终余生的意思了。这时他确已老了,他已六十八岁了,虽然他以前总是"发愤忘食,乐以忘忧,不知老之将至"。

四

孔子最大的抱负虽在政治,他最大的成就却在教育。在我国教育史上,他是好几方面的开创者。这几方面,任取其一,也足以使他受后世的"馨香尸祝"。

第一,在孔子以前,教育是贵族的专利,师儒是贵族的寄生者。孔子首先提倡"有教无类",这就是说,不分贵贱贫富,一律施教。他自己说过，从具"束脩"（十吊腊肉）来做贽见礼的起，他没有不加以训诲。这件事现在看来很平常，在当时实是一大革命。这是学术平民化的造端，这是"布衣卿相"的局面的引子。至于他率领弟子，周游列国，做政治的活动，这也是后来战国"游说"的风气的创始。

第二，孔子以个人在野的力量造就或招聚一大帮的人才，他的门下成了至少鲁国的智能的总汇。他自卫返鲁后，哀公和季康子要用人时，每向他的弟子中物色。这样一个智识的领袖不独没有前例，在后世也是罕见的。传说他的弟子有三千多人，这虽然近于夸张，但他的大弟子名氏可考的已有七十七人，其中事迹见于记载的共二十五人。现在仅计他自己所列举跟他在陈、蔡之间挨饿的弟子：以德行见长的有颜渊、闵子骞、冉伯牛、仲弓；以言语见长的有宰我、子贡；以政事见长的有冉有、子路；以文学见长的有子游、子夏。这些人当中颜渊最聪明、最好学、最为孔子所叹赏，可惜短命；冉伯牛也以废疾早死，无所表现；其余都是一时的俊杰。闵子骞曾被季氏召为费宰而坚决辞却。仲弓做过季氏家宰。宰我曾受过哀公的咨询，在政府里当是有职的。子贡、冉有皆先孔子归鲁。子贡在外交界任事，四次和吴人，一次和齐人折冲，都不辱命。冉有做过季氏的家宰，于公元前484年（哀公十一年，孔子归鲁前），当齐人大举侵鲁，鲁当局守着不抵抗主义的时候，激动季氏出兵。冉有并且用矛陷阵，大败齐军。子路为季氏主持"堕三都"，和后来留侍在卫，死孔悝之难，前面均已表过。公元前481年，小邾（鲁的南邻之一）的一位大夫挟邑投奔鲁国，要子路作保证，以替代盟誓。季康子派冉有到卫国来求子路，说道："人家不信千乘之国的盟誓而信你一句话，你当不以为辱罢？"子路答道："假如鲁国和小邾开战，我不问因由，死在敌人的城下也可以。现在依从一个叛臣的话，便是认他为义，我可不能。"子游做过鲁国的武城宰。孔子到他邑里，听得民间一片弦歌声，因此和他开过"割鸡焉用牛刀"的玩笑。子夏做过晋大夫魏成子即后日魏文侯的老师。因为孔门弟子多是当时的闻人，他们又都有"仲尼日月也，无得而逾焉"的信念；凭他们的宣扬，孔子便在上流社会里永远传下很大的声名。

第三，孔子首先把技艺教育和人格教育打成一片。他首先以系统的道德学说和缜密的人生理想教训生徒。他的教训，经他的弟子和再传弟子记载下来叫作《论语》的，是我国第一部语录。

孔门传授的技艺，不外当时一般贵族子弟所学习的《礼》、《乐》、《诗》、《书》。其中《礼》和《诗》尤其是孔子所常讲，弟子所必修的。

所谓"礼"有两方面，一是贵族交际中的礼貌和仪节；二是贵族的冠、婚、丧、祭等典礼。当时所谓儒者就是靠襄助这些典礼，传授这些仪文为生活的。孔子和他大部分的弟子都是儒者。他们所学习的礼当然包括这两方面。礼固是孔子所看重的。他说"不学礼，无以立"。但每一种礼节原要表示一种感情。感情乃是"礼之本"。无本的礼只是虚伪，那是孔子所深恶的。他把礼之本看得比礼文还重。他说："礼云，礼云，玉帛玉乎哉！"又说："丧礼，与其哀不足而礼有余也，不若礼不足而哀有余也。祭礼，与其敬不足而礼有余也，不若礼不足而敬有余也。"这原是对于讲究排场、拘牵仪式的鲁人的一剂对症药。可惜他的弟子和后来的儒家很少领略得。

当孔子时，各种仪节和典礼大约已有现成的"秩序单"。这些"秩序单"，经过孔子和他的信徒的陆续增改，便成为现在的《仪礼》。

《诗》三百余篇在春秋时代是有实用的。平常贵族交际上的词令要引《诗》做装饰，朝廷享宴外宾时，照例要选《诗》中的一首或一节，命乐工歌诵，以作欢迎词，这叫作"赋诗"。来宾也得另选一首或一章回敬，这叫作"答赋"。主宾间的情意、愿望、恳求，甚至讥刺，每"断章取义"地借《诗》句来隐示。在这种当儿，《诗》篇生疏的人便会出丑。故此孔子说："不学《诗》，无以言。"因为任何贵官都有招待外宾或出使外国的机会，所以《诗》的熟习成为贵族教育不可少的部分。孔子教《诗》当然也以他的应对功用为主。《诗》中含有训诲意味的句子，当时每被引为道德的教条。

这一方面孔子也没有忽略。但他更进一步，他教人读《诗》要从本来没有训诲意味的描写，体会出人生的道理。这便是他所谓"兴于《诗》"。例如《诗》文：

巧笑倩兮，

美目盼兮，……

素以为绚兮。

意思原是说一个生来美好的女子可施装饰。子贡问这里有什么启示。孔子答道："绘画要在有了素白的质地之后。"子贡跟着问："然则礼要在（真情）后吗？"孔子便大加赞赏，说他有谈《诗》的资格。

《诗》和《乐》在当时是分不开的。《诗》三百篇都是乐章。而正宗的音乐不外这三百篇的曲调。除了射御和舞以外，音乐是贵族教育最重要的项目。一切典礼里都有音乐。而他们平常闲居也不离琴瑟。孔子本来是个大音乐家，虽然他在这方面的成就完全被他的"圣德"所掩。再没有别的事比音乐更可以令他迷醉的了。他在齐听了《韶》乐，曾经"三月不知肉味"。这种天堂的快活他当然不肯外着他的弟子们。他的教程是"兴于《诗》，立于《礼》，成于《乐》"。知道么，在孔门中不通音乐的不算成人！孔子讲音乐和前人不同处在他特别注重音乐的感化力。他确信音乐不独可以陶冶个人的性灵,并且可以改变社会的品质。为尽量发挥音乐的道德功用,他有两种主张。第一,音乐要平民化。他的门人子游做武城宰,便弄到满邑都是弦歌之声。第二,音乐要受国家的统治,低劣的音乐要被禁绝。当时郑国的音乐最淫荡,所以他倡议"放郑声"。他晚年曾将《诗》三百篇的旧曲调加以修订。这是他生平很得意的一回事。他说:"吾自卫反鲁,然后乐正;《雅》、《颂》各得其所。"《雅》、《颂》各是《诗》中的一门类,依着音乐的性质而分别的。经孔子修正过的乐曲可惜现在连影迹都无从拟想了。但他对于音乐的两种主张,直到如今,还是良药。在我们国里,一方面占人口百分之八十的农民终岁不闻丝竹;一方面都市里的男女几乎全给污垢窟里产生出来的萎靡妖冶的丑声浸透了。在这种情形之下,如何令人不回想起孔子的先见呢?

后世所谓儒家的"六艺",刚才说及的《礼》、《诗》、《乐》占去一半。余下的是《书》、《易》、《春秋》。《易》是占筮用的谶词汇编,前面已交代明白。内中含有劝诫意味的话,孔子偶然也引来教训弟子。但孔门的科目里并没有《易》,卜筮之事孔子更是不谈的。《书》大部分是西周的档案,或是战争时的誓师辞,或是周王封立国君时的册命,或是周王对臣下的告谕,或是王室大典礼的记录;另一小部分则是追记唐、虞、夏、商的故事和言语的。这类文件据说在孔子时有一百多篇,现在只存二十八篇。《书》中训诲的话最多,像《易》一般,它在孔子以前已常被学者引用。它是孔门的读本之一,虽然远不及《诗》的重要。

《春秋》本来是鲁国史官的"流水账"式的记录的总名。大约因为它每年必标举四时,所以简称为《春秋》。它的内容可以现存的第一年为代表:

（隐公）元年,春,王正月。三月,公及邾仪父盟于蔑。夏,五月,郑伯克段于鄢。秋,七月,天王使宰咺来归惠公、仲子之赗。九月,及宋人盟于宿。冬十有二月,祭伯来。公子益师卒。

像这样的史记,列国都有的。大约鲁国的特别远久,特别全备。这些史记并不完全依事直叙。因为有些丑事,例如鲁桓公之死,根本不能直叙。再者,有些史官故意要把史事记错,来寄托褒贬的意思,或维持已失效的名分。例如晋灵公明明是被赵穿弑了的,但晋太史董狐却因为赵穿的兄弟赵盾"亡不越境,返不讨贼",便记道"赵盾弑其君"。又如公元前632年周襄王应晋文公的唤召去参加践土之会,而现传的《春秋》却记道:"天王狩于河阳。"传说孔子曾采用与这两例一路的"书法",将鲁史记中从隐公元年到哀公十四年的一段加以修改,而成为现存的《春秋经》。这一段所包括的时代（公元前722—前481年）史家因此称为春秋时代。《春秋经》之始于隐公不知何故，也许鲁史本来如此。它终于哀公十四年，传说是因为是年叔孙氏子出猎获麟。据说麟是预兆明王出现的祥兽，现在"明王不兴"而麟被猎获，孔子感觉道穷，因此含泪绝笔云。这个故事我们不免怀疑，但孔子修改过《春秋》，大概是可信的。时代后孔子仅百年，所居和鲁都更鼓声相闻的孟轲已有"孔子成《春秋》而乱臣贼子惧"的过奖。

总结孔子和六艺的关系。《诗》、《书》，他不过沿用作教本，而时或加以新的解释或引申。《易》，他不过偶尔征引。《礼》，他加以重新估价，并且在小节上偶有取舍。例如冕，古礼用麻，时礼用丝，孔子从众，因为当时用丝价廉；又古礼臣拜君于堂下，时礼拜于堂上，孔子从古礼，因为他觉得时礼近于放肆。至于《乐》和《春秋》，他虽加过修改，到底他绍述的成分多而创作的成分少。"述而不作，信而好古"，原是他的自白。

但在学术上他果真是仅只述古的人吗？至少就道德的教说而论，他是不然的。有一回他问子贡："你以为我是多多的学习却把所得牢记的么？"子贡答道："是的，难道不对吗？"孔子说："不，我一以贯之。"他认定所有的道德规律中有一条最根本、最概括，可以包罗其他的。这种认识乃是道德思想上一大发明。孔子的一贯之道，据他的高足弟子曾参的了解而他所没有否认的便是"忠恕"。

忠恕只是一种态度"仁"的积极和消极两方面。"恕"便是他所谓人人可以终身奉行的一个字，意义是"己所不欲，勿施于人"。"忠"的广义是"己欲立而立人，己欲达而达人"。"忠"的狭义是尽自己对他人的责任，甚至不顾任何的牺牲，"可以托六尺之孤，可以寄百里之命，临大节而不夺"。这种"忠"即是勇了。所以他说"仁者必有勇"。仁、勇，再加上智便是孔子心目中的全德。

五

孔子从卫归鲁，至早当在哀公十一年（公元前484年）春之后，因为他归鲁时季氏派冉有去迎接他，而是春冉有方主持拒齐的战事；至迟当在哀公十二年春天之前，因为是春季氏已因为增加军赋的事咨访孔子。此时孔子已俨然一个国老，公卿不时存问，馈遗，国政也有资格过问。哀公十四年齐大夫陈恒弑君，孔子便斋戒沐浴，然后上朝，请求讨伐。和陈氏一丘之貉之三桓，虽能遏阻鲁国的义师，却不能遏阻孔子的义言。

和孔子的声望同时增加的是他的门徒和门徒所带来的学费。此时他的生活很可以当得起一个退职的大司寇：行则有车代步；衣则"缁衣（配以）羔裘，素衣麑裘，黄衣狐裘"；食则饭"不厌精，脍不厌细。……失饪不食，不时（不合时的菜）不食，割不正不食，不得其酱不食，沽酒市脯不食"。回思在陈绝粮时的情景，已成隔世了。但那样的晚福他并不能久享，哀公十六年（公元前479年）四月（即"夏历"二月），他卧病七日而死，得寿七十三。

孔子死后，门弟子把他葬在鲁都城北泗水边，并且为他服丧三年，然后洒泪分手。诸弟子和别的鲁人依孔子冢而居的有一百多家，名为"孔里"。冢前的空地，成了鲁儒举行乡饮、乡射等典礼的场所。城中孔子的故居被辟为他的庙堂，内藏他的衣冠、琴、车、书籍和礼器，孔门的儒者继续在其中学习礼乐。此后历尽四百年的兴亡和兵革，这庙堂里未曾歇过弦歌声。

孔子死后六年而越王勾践灭吴。

（原载《大众知识》第1卷第8、9、10期，1937年2月5日，3月5、20日）

1900—1950

罗庸：孔子与颜渊

孔子是最不容易讲的伟大人物，他在中国历史上及中国文化上的地位，是非常重要的。历代人对孔子就有各种不同的看法，反对孔子也由来很久，在《庄子》《墨子》书里，就有反对孔子的学说。一个伟大的哲人，看的人所取的角度不同，认识也就不同。比如讲孔子就可以有：（1）孔子与周公；（2）孔子与颜渊；（3）孔子与孟子；（4）老子与孔子。四种讲法，我取第（2）种。

宋人程、朱，喜欢谈"寻孔颜乐处"。孔子说："饭疏食，饮水，曲肱而枕之，乐亦在其中矣。不义而富且贵，于我如浮云。"孔子又说："贤哉，回也！一箪食，一瓢饮，在陋巷，人不堪其忧，回也不改其乐。贤哉，回也！"宋朝以后的人，喜欢将孔、颜连在一起来讲，这是很可注意的。

孔子一生的志愿，是使周公的事业发扬光大，所以非常重视鲁国。他全部学问的中心问题，注重在礼。我们只要读《礼记》的《曲礼》《檀弓》，便可见礼的条目很烦琐，尤其是丧礼，墨子就是反对孔子的礼。司马迁《太史公自序》云："累世不能通其学，当年不能究其礼。"也是说礼的烦琐。孔子处在当时的环境里,政治理想不能实现,便想用一种教育方法,实现政治的理想。孔子在六十岁以前,是从事政治,注意教育,六十岁以后,整个献身在教育事业上。弟子三千,成名就有七十二贤。在弟子中,只有颜渊是孔子最得意的,其他弟子不如颜渊那样被孔子赞叹不已,所以孔、颜合看,是很能得到真相的。

我们上次讲周代文化,同农业自然是非常的接近。就好似工业文化同机器是接近的。农民终日在田里,人与自然来比,自然太伟大,人太渺小了,所以人没有力量同自然争衡。中国人靠天吃饭的观念便来于此。愈觉得自然伟大,愈觉得个人渺小,这样就产生宗教,宗教观念再演变,就成为后来的哲学。老子的思想也是这样产生的。照道家的思想来看,自己既然渺小,就该一事不做,任天而行,这样自然就是我,我就是自然,自然与我合而为一。儒家则不然,是扩大自己的人格以求同天。而《易经》所讲的"天行健,君子以自强不息",这种自强不息的精神,便是孔、颜的共同点。

庄子对孔子批评得最厉害,他也是反对孔子最激烈的人物,另一面却赞美颜渊,庄子在《人间世》讲颜渊的心斋那一段文字,非常重要。在这里,孔、颜同天的精神,又是道家所承认的。

先讲孔子。要认识孔子,应该由历史着手。那时,国际变迁非常激烈,孔子便生在这恶劣的社会环境里。他不是鲁国人,他的父亲叔梁纥，母亲颜氏。以我的推算，他是从宋国迁到鲁国，不过已有七十多年。只要读《礼记》的《檀弓》就知道孔子对宋国的感情比鲁国还深。孔子一直到死也没有忘却他是殷人之后，却微服而过故乡，因为他的观念同当时人不同。孔子着眼在整个人类的文化，他最高的理想是"仁"，在《论语》里，孔子对"仁"发挥的意义最多。孔子自述："吾少也贱，故多能鄙事。"孔子早年的生活是很苦的。他四十岁开始收弟子，曾和鲁昭公到齐国避难；五十岁时，定公任命孔子为中都宰，后做到司空，再升为大司寇，有夹谷之会摄相事。孔子在政治上、外交上成绩是卓越的。又派子路为季孙氏家臣，堕三都，借此削弱三家的力量。鲁定公对孔子言听计从，其后齐人归女乐，孔子便周游列国。在卫国住得最久，因为卫国保存着周文化，在礼乐方面的收获很大。陈国是很小的国家，但接近楚文化，孔子到陈后，又想到晋国而未成。他的旅行可以说是文化的考察。由五十岁一直到六十岁都是在外边游历，回国以后，七十三岁卒于家。《论语》这部书，是孔子的弟子或再传弟子记载孔子最主要的著述，是儒家最重要的经典。欲明孔子各方面的成就，非细心研究《论语》不可。

　　在《论语》里，有一段孔子的自述："吾十有五而志于学，三十而立，四十而不惑，五十而知天命，六十而耳顺，七十而从心所欲，不逾矩。"这一段话道理精深博大，不容易讲，它给我们清清楚楚的启示：做学问的功夫，要自己向内，才能有所成就，不应向外驰求。在孔门弟子中，能拳拳服膺于"仁"的只有一个颜渊。他只管自己教育自己，充实自己。孔子赞扬他道："回也，其心三月不违仁，其余则日月至焉而已矣。"另一个弟子子张，他的精神是向外发展的。曾子这样批评他："堂堂乎张也，难与并仁矣。"孔门的教育是自己照顾自己，自己完成自己。孔子说："吾十有五而志于学。"学什么呢？即是立于礼。孔子说："不知命，无以为君子也；不知礼，无以立也；不知言，无以知人也。""四十而不惑"，于事物之所当然，皆无所疑。即是判别事物的力量，已经通透于事理，无所疑惑。"五十而知天命"，此天命即《中庸》所谓"天命之谓性"，知天命即宋儒所谓"见性"。"六十而耳顺"，朱注谓："声入心通，无所违逆，知之至，不思而得也。"这种境界是很不容易达到的。"七十而从心所欲，不逾矩"，矩亦礼也。这种境界很高，很不容易达到。圣人达到了这种境界，人的生活同自然合而为一，到了这种境界，时间与空间都没有了。圣人的生命，虽然不能永远存世，而天地一日不绝灭，圣人之道就永存于世。孔子说："朝闻道，夕死可矣。"如果你一天得道，就是你一天没有死。同宇宙一样的不会消灭，这种最高境界，不是渺小、自私的人所能达到的。可见圣学之不容易学，就在于此。怎样才能达到"仁"的境界？只有好学。孔子说："十室之邑，必有忠信如丘者焉，不如丘之好学也。"又说:"三人行必有我师焉,择其善者而从之,其不善者而改之。"再说:"发愤忘食,乐以忘忧,不知老之将至。"这是孔子终日不息的好学精神。宋儒训学为效,王阳明则训为觉,程朱、陆王的异同就在于此。朱子一生的学问,就是在格物穷理,即"人心之灵,莫不有知,天下之物莫不有理"。孔子好学,没有一分钟一秒钟的放掉,这便是自强不息。不息的意义是自然宇宙本来具有,生命流行本来没有一分钟一秒钟停息的。譬如电灯片刻性熄灭,我们就感觉不方便。人的身体也是片刻不停息,人应该这样教育自己,假如以为力量不够就不努力向学,这便是生命的哀息。为学如逆水行舟,不进则退。克服自己的懒惰,发愤自强自立,这样就是君子自强不息的功夫。孔子不许人有一秒钟的偷懒,在孔子眼中不允许有丝毫的夹带,在光天化日之下,一切都要透明透亮,没有一分隐藏。在孔子弟子中,也只有颜渊深知孔子的伟大,师生彼此心心相印,最为默契。有一天颜渊感慨地叹了一声:"仰之弥高,钻之弥坚;瞻之在前,忽焉在后。夫子循循然,善诱人,博我以文,约我以礼。欲罢不能,既竭吾才,如有所立卓尔。虽欲从之,末由也已。"这是颜渊赞扬孔子的话,很不好懂。按照文意的次序,应该分为三段来讲:

第一段:"夫子循循然,善诱之,博我以文,约我以礼。"
第二段:"仰之弥高,钻之弥坚;瞻之在前,忽焉在后。"

第三段:"欲罢不能,既竭吾才,如有所立卓尔。虽欲从之,末由也已。"

孔子深知每个弟子的程度,因材施教,慢慢地引导上路。弟子在未做学问之先,心量并不开阔,故先教以博之。这里的"文"是指"六艺",教人最先尽量去博学,在博学方面已做过功夫,再继续做约功夫。就是把所学的消化,变成自己的能力,应用在日常生活上。孔子全部学问,只有颜渊懂得最透彻,也只有颜渊身体力行,颜渊会用功,愈用功而愈知道孔子的哲理是圆的,上下四方都照顾得到。他的学问是绝对的,也就是博大精深,丝毫不能苟且。颜渊日夜不息地用功,也没有达到孔子的境界,可是他的学问真有所得。真正会用功的人,才能体会到颜渊说的道理。他这一段话是立体的,而不是平面的,立体的观念是向上的。孔子是这样赞叹他的:"语之而不惰者,其回也与!"孔子对颜渊说:"惜乎吾见其进也,未见其止也。"孔子真正认识颜渊,也只有颜渊真正认识孔子,宋儒程朱理学家喜谈"寻孔颜之乐",就在这种师弟契合的地方。

一个富人,他没有人生乐趣,住的高楼大厦,吃的山珍海味,坐的豪华汽车,仍终日怅怅不乐,因为他的乐是向外的。真正懂得乐的人,要深刻了解生命是不息的。不息是靠好学入手。颜渊问"仁",孔子回答他:"克己复礼为仁。一日克己复礼,天下归仁焉。"你要每天改过自新,随时随地把自己改变成尽善尽美的完人。由这里看颜渊的学问进步真是飞跃的。一个人修养到这种境界,是永远不会衰老的。可以这样说,孔子活到七十三岁,他还是一个赤子。孟子说:"大人者,不失其赤子之心者也。"孔子和颜渊正是如此。

(原载罗庸:《儒学述要》,北京出版社 2018 年版)

1895—1990

冯友兰：孟子哲学

一、孟子之政治社会哲学

孟子之政治社会哲学按一方面说，系守旧的。因孟子对于其时之传统的政治社会制度系持拥护态度。如孟子所述"周室班爵禄"之制（《孟子·万章下》）虽不必为历史上的周制，历史上的周制，在详细节目上，在诸国亦不能如此之整齐划一，然周制之普通原理，大约当如所说也。

然孟子虽仍拥护"周室班爵禄"之制，但其在政治上及经济之根本的观点，则与传统的观点，大不相同。依传统的观点，一切政治上经济上之制度，皆完全为贵族设。依孟子之观点，则一切皆为民设。此一切皆为民设之观点，乃孟子政治及社会哲学之根本意思。孟子贵王贱霸，以为"仲尼之徒，无道桓文之事者"。其实孔子颇推崇齐桓公及管仲。曰："桓公九合诸侯，不以兵车，管仲之力也。如其仁！如其仁！"又曰："管仲相桓公，霸诸侯，一匡天下，民到于今受其赐。微管仲，吾其被发左衽矣。"（《论语·宪问》）盖王霸乃孟子政治理想中二种不同的政治，中国后来之政治哲学，皆将政治分为此二种。王者之一切制作设施，均系为民，故民皆悦而从之。霸者则唯以武力征服人，强使从己。故曰：

以力假仁者霸……以德行仁者王……以力服人者，非心服也，力不赡也；以德服人者，中心悦而诚服也，如七十子之服孔子也。（《孟子·公孙丑上》）

又王者之为民，乃系出于其"不忍人之心"。以"不忍人之心"，发为"不忍人之政"，即王政也。（详下）霸者之制作设施，虽亦有时为民，然其意则不过以之为达其好名好利好尊荣之手段。故曰："以力假仁者霸也。"孟子又曰：

尧舜性之也，汤武身之也，五霸假之也。久假而不归，恶知其非有也。（《孟子·尽心上》）

孟子以一切政治的经济的制度皆为民设。所谓君亦为民设。故曰：

民为贵，社稷次之，君为轻。是故得乎丘民而为天子，得乎天子为诸侯，得乎诸侯为大夫。（《孟子·尽心下》）

观此则孟子虽仍主有天子、诸侯、大夫,诸治人者之存在,如"周室班爵禄"然。但诸治人者所以存在之理由,则在其能"得乎丘民"。如所谓君者不"得乎丘民",则即失其所以为君者,即非君矣。故孟子曰:

贼仁者谓之贼,贼义者谓之残。残贼之人,谓之一夫。闻诛一夫纣矣,未闻弑君也。(《孟子·梁惠王下》)

此亦正名主义也。古史家及孔子正名而"乱臣贼子惧",至孟子则正名而乱君亦惧矣。(孟子以为此等办法,不能施于父。如瞽叟虽不慈,而舜则仍孝,故舜为大孝。盖孟子以其"民之贵"之根本意思,施于政治,当然须有上述之主张,至对于父子兄弟方面,则仍可依照传统的见解也。)

孟子虽以为社会中仍应有君子野人,治人者及治于人者之区分;但此区分乃完全以分工互助为目的。孟子驳许行"君臣并耕"之说云:

然则治天下独可耕且为与?有大人之事,有小人之事。且一人之身,而百工之所为备,如必自为而后用之,是率天下而路也。故曰:或劳心,或劳力。劳心者治人,劳力者治于人。治于人者食

人，治人者食于人。天下之通义也。……尧舜之治天下，岂无所用其心哉？亦不用于耕耳。(《孟子·滕文公上》)

又曰：

无君子莫治野人，无野人莫养君子。(同上)

在社会中一人之生活，需用许多工艺之出产。所谓"一人之身，而百工之所为备也"。必自为而后用之，乃不可能之事。故必分工互助。治人者，治于人者，其所事虽不同，要皆互相需要，彼此皆不可以相无也。

根据此分工互助之原则，人中谁应为治人者，谁应为治于人者？孟子以为：

天下有道，小德役大德，小贤役大贤。天下无道，小役大，弱役强。斯二者天也。顺天者存，逆天者亡。(《孟子·离娄上》)

此谓在治世，小德役于大德，小贤役于大贤。在乱世，小役于大，弱役于强。不过乱世之强吞弱，众暴寡，乃人与人相竞争，非人与人相互助，与分工互助之原则不合。若根据互助之原则，必使

能治人者治人,犹之使能陶冶者陶冶。孟子谓齐宣王曰:

> 为巨室,则必使工师求大木。工师得大木,则王喜,以为能胜其任也。匠人斫而小之,则王怒,以为不胜其任矣。夫人幼而学之,壮而欲行之。王曰:"姑舍女所学而从我。"则何如?今有璞玉于此,虽万镒,必使玉人雕琢之。至于治国家,则曰"姑舍女所学而从我"。则何异于教玉人雕琢玉哉?(《孟子·梁惠王下》)

国家社会,犹大木也,玉也。使治之者,亦必须"幼而学之"之专家。所谓大德大贤,即能治国家社会之专家也。

推此理也,则政治上至高之位,必以最大之德居之。所谓天子,必圣人乃可为之。故尧舜禅让,成为孟子之理想的政治制度。孟子曰:

> 尧崩,三年之丧毕,舜避尧之子于南河之南。天下诸侯朝觐者,不之尧之子而之舜。讼狱者不之尧之子而之舜。讴歌者不讴歌尧之子而讴歌舜。故曰,天也。夫然后之中国,践天子位焉。而居尧之官,逼尧之子,是篡也,非天与也。《泰誓》曰"天视自我民视,天听自我民听",此之谓也……昔者舜荐禹于天。十有七年,舜崩,三年之丧毕,禹避舜之子于阳城。天下之民从之,若尧崩之

后，不从尧之子而从舜也。禹荐益于天。七年，禹崩，三年之丧毕，益避禹之子于箕山之阴。朝觐讼狱者，不之益而之启，曰："吾君之子也。"讴歌者，不讴歌益而讴歌启，曰："吾君之子也。"丹朱之不肖，舜之子亦不肖。舜之相尧，禹之相舜也，历年多，施泽于民久。启贤，能敬承继禹之道。益之相禹也，历年少，施泽于民未久。舜禹益相去久远，其子之贤不肖，皆天也，非人之所能为也。莫之为而为者天也，莫之致而至者命也。匹夫而有天下者，德必若舜禹，而又有天子荐之者。故仲尼不有天下。继世以有天下，天之所废，必若桀纣者也；故益伊尹周公不有天下。（《孟子·万章上》）

据此则孟子之理想的政治制度，为以有圣人之德者，居天子之位。此圣人既老，则在其死以前，预选一年较少之圣人，先使为相以试之。及其成效卓著，则荐之于天，以为其自己之替代者。及老圣人既死，此少圣人即代之而为天子。然天之意不可知，可知者，民意而已。民皆归之，即天以天下与之。故荐之于天，即荐之于民也。"匹夫而有天下者，德必若舜禹，而又有天子荐之者。"盖无天子荐之，则不能先为相以自试，不能施泽于民，民不归之也。此理想与柏拉图共和国之主张，极相似。但儒家以述为作，故必托为史事，以代表其理想。又以依附周制及宗章文王周公之故，对于"继世以有天下"者，亦不攻击。此则在逻辑上不能自圆其说，只可归之"莫之为而为者天也，莫之致而至者命也"。

孟子之理想的经济制度，《孟子》中所述亦甚详。孟子曰：

请野九一而助，国中什一使自赋。卿以下必有圭田。圭田五十亩，余夫二十五亩。死徙无出乡，乡田同井。出入相友，守望相助，疾病相扶持，则百姓亲睦。方里而井，井九百亩，其中为公田。百家皆私百亩，同养公田。公事毕，然后敢治私事。所以别野人也。(《孟子·滕文公上》)

又曰：

不违农时，谷不可胜食也。数罟不入洿池，鱼鳖不可胜食也。斧斤以时入山林，材木不可胜用也。谷与鱼鳖不可胜食，材木不可胜用，是使民养生丧死无憾也。养生丧死无憾，王道之始也。五亩之宅，树之以桑，五十者可以衣帛矣。鸡豚狗彘之畜，无失其时，七十者可以食肉矣。百亩之田，勿夺其时，数口之家，可以无饥矣。谨庠序之教，申之以孝悌之义，颁白者不负戴于道路矣。七十者衣帛食肉，黎民不饥不寒，然而不王者，未之有也。(《孟子·梁惠王上》)

此就原有之井田制度，转移观点，将其变为含有社会主义性质的经济制度也。所谓转移观点者，盖古代土地为国君及贵族所私有，农民受土地于贵族，为之作农奴。故原有之井田制度，乃为贵族之利益。依孟子之理想，乃土地为国家所公有，人民受土地于国家，而自由耕种之。其每井中公田之出产，虽仍可为国君卿大夫之禄，"以代其耕"。但农民之助耕公田，乃如纳税于国家之性质，非如农奴为地主服役之性质。此理想中之制度，乃使民"养生丧死无憾"，乃为人民之利益。故谓孟子所说之井田制度，即古代所实行者，非也。谓孟子所说之井田制度，纯乎为理想，为创造，亦非也。二者均有焉。此所谓儒家以述为作也。

依孟子之意，国家不但须使人既皆有"恒产"，解决其生活问题，且应设教育机关，教育人民。孟子曰：

设为庠序学校以教之。庠者，养也。校者，教也。序者，射也。夏曰校，殷曰序，周曰庠。学则三代共之。皆所以明人伦也。人伦明于上，小民亲于下。(《孟子·滕文公上》)

人人皆能生活，"养生丧死无憾"，不过为"王道之始"。必人人皆受教育，"明人伦"，然后方为王道之完成。此亦孔子"富之教之"之意也。

二、性善

以上所述之各种理想的制度,即孟子所谓王道,王政,或仁政也。仁政何以必须行?仁政何以能行?孟子曰:

人皆有不忍人之心,先王有不忍人之心,斯有不忍人之政矣。(《孟子·公孙丑上》)

不忍人之政,即仁政也。"人皆有不忍人之心",不忍见人之困苦,此即仁政之所以必须行也。人既皆有此心,为仁政之根据,此即仁政之所以能行也。孟子因齐宣王不忍一牛之"觳觫而就死地",断其必能行王政,曰:

老吾老以及人之老,幼吾幼以及人之幼,天下可运于掌。诗云:"刑于寡妻,至于兄弟,以御于家邦。"言举斯心加诸彼而已。故推恩足以保四海,不推恩无以保妻子。古之人所以大过人者无他焉,善推其所为而已矣。(《孟子·梁惠王上》)

齐宣王谓己好货,好色,不能行王政。孟子言"王如好货","王如好色","与百姓同之,于王何有?"(《孟子·梁惠王下》)因己之好货好色,即推而"与百姓同之"即"举斯心加诸彼"也。若实现此心于政事，则其政事即仁政矣。"善推其所为"，即仁也，即忠恕也。孔子讲仁及忠恕，多限于个人之修养方面。孟子则应用之于政治及社会哲学。孔子讲仁及忠恕，只及于"内圣"；孟子则更及于"外王"。

"人皆有不忍人之心"，即所谓人性皆善也。孟子云：

人皆有不忍人之心。……今人乍见孺子，将入于井，皆有怵惕恻隐之心。非所以内交于孺子之父母也，非所以要誉于乡党朋友也，非恶其声而然也。由是观之，无恻隐之心，非人也；无羞恶之心，非人也；无辞让之心，非人也；无是非之心，非人也。恻隐之心，仁之端也；羞恶之心，义之端也；辞让之心，礼之端也；是非之心，智之端也。人之有是四端，犹其有四体也。有是四端而自谓不能者，自贼者也。谓其君不能者，贼其君者也。凡有四端于我者，知皆扩而充之矣。若火之始然，泉之始达。苟能充之，足以保四海；苟不充之，不足以事父母。（《孟子·公孙丑上》）

陈澧曰："孟子所谓善者，谓人人之性皆有善也，非谓人人之性皆纯乎善也。"（《东塾读书记》卷三）孟子所谓性善，只谓人皆有仁义礼智之四端。此"端"若能扩而充之，则为圣人。人之不善，皆不能即此"端"扩而充之，非其性本与善人殊也。故曰：

若夫为不善，非才之罪也。恻隐之心，人皆有之；羞恶之心，人皆有之；恭敬之心，人皆有之；是非之心，人皆有之。恻隐之心，仁也；羞恶之心，义也；恭敬之心，礼也；是非之心，智也。仁义礼智，非由外铄我也，我固有之也，弗思耳矣。故曰，求则得之，舍则失之。或相倍蓰而无算者，不能尽其才者也。(《孟子·告子上》)

俞正燮曰："才者，事之初也。说文：'才为草木之初'是也。"(《癸巳存稿》卷二）才即端之意。即不善之人，按之实际，亦岂无上述之四端？不过不能扩而充之，或且压抑而丧失之。然此"非才之罪"也。

人何以必须扩充此善端？此亦一问题也。若依功利主义说，则人之扩充善端，于社会有利，否则有害，此即墨子主张兼爱之理由也。唯依孟子之意，则人之必须扩充此善端者，因此乃人之所以为人也。孟子曰：

人之所以异于禽兽者几希；庶民去之，君子存之。（《孟子·离娄下》）

人之所以为人，即人之要素，人之名之定义，亦即人之所以别

于禽兽者也。人之所以为人者,即人之有人心。孟子云:

公都子问曰:"钧是人也,或为大人,或为小人,何也?"孟子曰:"从其大体为大人,从其小体为小人。"曰:"钧是人也,或从其大体,或从其小体,何也?"曰:"耳目之官,不思而蔽于物,物交物则引之而已矣。心之官则思,思则得之,不思则不得也。此天之所与我者,先立乎其大者,则其小者不能夺也。此为大人而已矣。"(《孟子·告子上》)

亚力士多德《伦理学》谓饮食及情欲,乃人与禽兽所共有,人之所以别于禽兽者,唯在其有理性耳。"心之官则思",能思之心,即有理性。能思之心,为人所特有,乃"天之所以与我"者,所以为大体也。耳目之官,乃人与禽兽所同有,所以为小体也。若只从其小体,则不惟为小人,且为禽兽矣(见下)。"耳目之官,不思而蔽于物,物交物则引之而已。"若听其自然,则"能陷溺其心"(《孟子·告子上》)。人之所以有不善者,即以此也。

能思之心所好者为理义。孟子云:

故凡同类者,举相似也。何独至于人而疑之?圣人与我同类者。故龙子曰:"不知足而为屦,我知其不为蒉也。"屦之相似,天下之足同也。口之于味，有同嗜也。易牙先得我口之所嗜者也。如使口之于味也，其性与人殊，若犬马之与我不同类也，则天下何嗜皆从易牙之于味也？至于味，天下期于易牙，是天下之口相似也。唯耳亦然，至于声，天下期于师旷，是天下之耳相似也。唯目亦然，至于子都，天下莫不知其姣也。不知子都之姣者，无目者也。故曰：口之于味也，有同嗜焉。耳之于声也，有同听焉。目之于色也，有同美焉。至于心独无所同然乎？心之所同然者，何也？谓理也，义也。圣人先得我心之所同然耳。故理义之悦我心，犹刍豢之悦我口。(《孟子·告子上》)

故人必有理义，乃为"从其大体"。从其大体，乃得保人之所以为人，乃合乎人之定义。否则人即失其所以为人，而与禽兽同。孟子云：

虽存乎人者，岂无仁义之心哉？其所以放其良心者，亦犹斧斤之于木也。旦旦而伐之，可以为美乎。其日夜之所息，平旦之气，其好恶与人相近也者几希。则其旦昼之所为，有梏亡之矣。梏之反复，则其夜气不足以存。夜气不足以存，则其违禽兽不远矣。人见其禽兽也，而以为未尝有才焉，是岂人之情也哉？（同上）

"夜气"即人"仁义之心"之未完全受摧残者。人若"夜气不存",即失其所以为人,当然即禽兽矣。孟子所以主张"求放心"及"不失本心"者,盖必如此方能为人也。

人皆有人心,即人性之所以为善也。孟子言性善时,亦特别使人注意于其所说之性为"人之性"。孟子云:

告子曰:"生之谓性。"孟子曰:"生之谓性也,犹白之谓白与?"曰:"然。""白羽之白也,犹白雪之白,白雪之白,犹白玉之白与?"曰:"然。""然则犬之性犹牛之性,牛之性犹人之性与?"(《孟子·告子上》)

天下之白同,而性不同。牛不与人同类,故其性亦与人异。人之性包含"人之所以为人者"。失其性则与禽兽相同矣。孟子又云:

仁,人心也,义,人路也。(同上)

盖不居仁由义,则即非人矣。

据此则知孟子所谓:

杨氏为我,是无君也。墨氏兼爱,是无父也。无父无君,是禽

兽也。(《孟子·滕文公下》)

亦非随便谩骂。儒家以为人之四端之表现于社会组织者，即所谓人伦。故曰：

仁之实，事亲是也；义之实，从兄是也；智之实，知斯二者弗去是也；礼之实，节文斯二者是也；乐之实，乐斯二者。(《孟子·离娄上》)

又曰：

圣人，人伦之至也。(同上)

若杨墨之道，废弃人伦，则失其人之所以为人者。不合人之定义，故为禽兽也。

人皆有善端，所谓圣人，不过将此善端扩而充之，至于"人伦之至"而已。故人人皆可以为圣人。孟子引颜渊曰：

舜何人也？予何人也？有为者亦若是。(《孟子·滕文公上》)

若自以为"吾身不能居仁由义",则即"谓之自弃"矣。

孟子极重视个人,故亦注重个人之自由。至于所谓礼者,若人认为不合,可以否认之,改革之。孟子云:

孟子告齐宣王曰:"君之视臣如手足,则臣视君如腹心。君之视臣如犬马,则臣视君如国人。君之视臣如土芥,则臣视君如寇仇。"王曰:"礼为旧君,有服,何如斯可为服矣?"曰:"谏行言听,膏泽下于民。有故而去,则君使人导之出疆,又先于其所往。去三年不返,然后收其田里。此之谓三有礼焉。如此则为之服矣。今也为臣,谏则不行,言则不听,膏泽不下于民。有故而去,则君搏执之,又极之于其所往。去之日,遂收其田里。此之谓寇仇,寇仇何服之有!"(《孟子·离娄下》)

此孟子否认旧礼之言论也。孟子又曰:

非礼之礼,非义之义,大人弗为。(同上)

此亦谓个人道德判断之权威,可在世俗所谓礼之上。孔子注重个人性情之自由,同时又注重人之行为之外部规范。前者为孔子之新意,后者为古代之成规。孟子则较注重于个人性情之自由。盖孟子既主性善之说，以为仁义礼智，"非由外铄我也，我固有之也"。则个人之道德判断，当然可重视矣。

人人皆可以为圣人，此人人皆可以自期许者也。至于人生中他方面之成败利钝，则不能计，亦不必计。孟子曰：

若夫成功则天也。君如彼何哉？强为善而已矣。（《孟子·梁惠王下》）

又曰：

哭死而哀，非为生者也。经德不回，非以干禄也。言语必信，非以正行也。君子行法以俟命而已矣。（《孟子·尽心下》）

此所谓天，所谓命，皆指人力所无可奈何之事。所谓"莫之为而为者天也，莫之致而至者命也"。

三、孟子反功利

于此亦可知孟子所以反对功利之故矣。孟子以为人皆有恻隐羞恶辞让是非之四端。扩而充之，则为仁义礼智之四德。四德为人性发展之自然结果；而人之所以须发展此四德，因必如此方为尽"人之所以为人者",非因四德为有利而始行之也。四德之行,当然可生于社会有利之结果。此结果虽极可贵,然亦系附带结果。犹之艺术家之作品,固可使人愉悦,然此乃附带的结果。彼艺术家之创作,则所以表现其理想与情感,非为求人悦乐愉快也。

不过孟子虽主张义,反对利,然对于义利之辩,未有详细说明。亦未将公利私利,分开辩论。故颇受后人之驳诘。唯孟子与墨者夷之辩薄葬之说,颇可显其非功利主义之态度。彼云:

盖上世尝有不葬其亲者,其亲死,则举而委之于壑。他日过之,狐狸食之,蝇蚋姑嘬之。其颡有泚,睨而不视。夫泚也,非为人泚,中心达于面目。盖归反蘽梩而掩之。掩之诚是也,则孝子仁人之掩其亲,亦必有道矣。(《孟子·滕文公上》)

又曰:

古者棺椁无度,中古棺七寸,椁称之。自天子达于庶人,非直为棺美也,然后尽于人心。(《孟子·公孙丑下》)

墨家之攻击儒家厚葬久丧,主节葬短丧,纯从功利主义立论;而孟子则纯不从功利主义立论。厚葬久丧,对社会固亦有利。"慎终追远，民德归厚矣。"此从功利主义立论，以主张厚葬久丧者也。然孟子则但谓厚葬为"尽于人心"，此真儒家之精神也。

四、天，性，及浩然之气

孟子之所谓天，有时似指运命之天，如上所说者。有时则指义理之天。孟子因人皆有仁义礼智之四端，而言性善。人之所以有此四端，性之所以善，正因性乃"天之所与我者"，人之所得于天者，此性善说之形上学的根据也。孟子云：

尽其心者，知其性也。知其性则知天矣。存其心，养其性，所以事天也。夭寿不贰，修身以俟之，所以立命也。(《孟子·尽心上》)

心为人之"大体"，故"尽其心者"，"知其性"。此乃"天之所与我者"，故"尽其心"、"知其性"亦"知天"矣。孟子又云：

夫君子所过者化，所存者神，上下与天地同流，岂曰小补之哉？（同上）

又云：

> 万物皆备于我矣。反身而诚,乐莫大焉。强恕而行,求仁莫近焉。(同上)

"万物皆备于我""上下与天地同流"等言,颇有神秘主义之倾向。其本意如何,孟子所言简略,不能详也。

神秘主义一名,有种种不同底意义。此所谓神秘主义,乃专指一种哲学,承认有所谓"万物一体"之境界;在此境界中,个人与"全"(宇宙之全)合而为一。所谓人我内外之分,俱已不存。普通多谓此神秘主义,必与唯心论底宇宙论相关连。宇宙必为唯心论底,宇宙之全体,与个人之心灵,有内部底关系:个人之精神,与宇宙之大精神,本为一体,特以有后起的隔阂,以致人与宇宙,似乎分离。佛家所说之无明,宋儒所说之私欲,皆指此后起的隔阂也。若去此隔阂,则个人与宇宙,复合而为一。佛教所说之证真如,宋儒所说"人欲处,天理流行",皆指此境界也。不过此神秘主义,亦不必与唯心论的宇宙论相连。如庄子之哲学,其宇宙论非必为唯心论的,然亦注重神秘主义也。中国哲学中,孟子派之儒家,及庄子派之道家皆以神秘的境界为最高境界,以神秘经验为个人修养之最高成就。但两家之所用以达此最高境界,最高目的之方法不同。道家所用之方法,乃以"纯粹经验"忘我。儒家所用之方法,乃以"爱之事业"(叔本华所用名词)去私。无我无私,而个人乃与宇宙合一。如孟子哲学果有神秘主义在内，则"万物皆备于我"即我与万物本为一体也。我与万物本为一体，而乃以有隔阂之故，我与万物似乎分离。此即不"诚"。若"反身而诚"，回复与万物为一体之境界，则"乐莫大焉"。如欲回复万物一体之境界，则用"爱之事业"之方法。所谓"强恕而行，求仁莫近焉"。以恕求仁；以仁求诚。盖恕与仁皆注重在取消人我之界限。人我之界限消，则人与万物为一体矣。此解释果合孟子之本意否不可知，要之宋儒之哲学，则自此意推衍而来也。如孟子哲学中果有神秘主义，则孟子所谓"浩然之气"，即个人在最高境界中之精神状态。故曰：

其为气也，至大至刚，以直养而无害，则塞于天地之间。（《孟子·公孙丑上》）

至于养此气之方法，孟子云：

其为气也，配义与道，无是，馁也。是集义所生者，非义袭而取之也。行有不慊于心，则馁矣。我故曰，告子未尝知义，以其外之也。必有事焉，而勿正，心勿忘，勿助长也。……（同上）

此所谓义，大概包括吾人性中所有善"端"，是在内本有，故曰"告子未尝知义,以其外之也"。此诸善"端"皆倾向于取消人我界限。即将此逐渐推广,亦勿急躁求速,亦无停止不进。("而勿正",焦循《孟子正义》引《诗终风序笺》及《庄子·应帝王》篇《释文》谓"正之义通于止"。)"集义"既久,则行无"不慊于心",而"塞乎天地之间"之精神状态,可得到矣。

至此境界,则谓:

居天下之广居,立天下之正位,行天下之大道。得志与民由之,不得志独行其道。富贵不能淫,贫贱不能移,威武不能屈。此之谓大丈夫。(《孟子·滕文公下》)

(原载《哲学评论》第3卷第2期,1930年3月)

1895—1990

钱穆：荀卿

战国思想，在庄周、惠施同时，及其稍后，除却道、名两家外，尚多有反对儒家别树异帜的，于是又出了荀卿，来驳击诸家，重回孔子。荀子在当时，其有功儒家，不在孟子下，但孟子主"性善"，荀子主"性恶"，两人思想又恰相反。荀子曰：

人之性恶，其善者伪也。今人之性，生而有好利焉，顺是故争夺生而辞让亡焉。生而有疾恶焉，顺是故残贼生而忠信亡焉。生而有耳目之欲，有好声色焉，顺是故淫乱生而礼义文理亡焉。然则从人之性，顺人之情，必出于争夺，合于犯分乱理而归于暴。故必将有师法之化、礼义之道，然后出于辞让合于文理而归于治。用此观之，则人之性恶明矣，其善者伪也。(《荀子·性恶》)

然则礼义何自来？荀子曰：

礼义者，圣人之所生也。(《荀子·性恶》)

又曰：

圣人积思虑习伪，故以生礼义而起法度。然则礼义法度者，是生于圣人之伪，非故生于人之性也。(《荀子·性恶》)

圣人化性而起伪，圣人之所以同于众。其不异于众者，性也。所以异而过众者，伪也。(《荀子·性恶》)

荀子指自然为"性"，人为为"伪"。人类文化皆起于人为，但人为与自然之界线，则并不能严格划分。谓人性中有恶，固属不可否认。但谓善绝非自然，全出人为，此见实太窄狭。因此后来中国思想界，大体还是承袭孟子。荀卿在当时思想上之贡献，不在其提出了性恶论，而在其对其他各派反儒家思想能施以有力之抨击。此下专举其对墨子、庄子、惠子三派之批评为例。他说：

墨子蔽于用而不知文……惠子蔽于辞而不知实，庄子蔽于天而不知人。故由用谓之，道尽利矣……由辞谓之，道尽论矣。由天谓之，道尽因矣。(《荀子·解蔽》)

墨子是一个实用主义者，由他看来，只要有利便是道。惠子是一个名辩主义者，由他看来，只名字上的辩论便是道。庄子是一个自然主义者，由他看来，只因任自然便是道。荀子说：

此数具者，皆道之一隅也。夫道者，体常而尽变，一隅不足以举之。(《荀子·解蔽》)

儒家思想，并不是不看重实利，也不是不看重名言辨析，亦不是不看重自然，只不偏陷在此一角，而把思想拘碍了。

荀子批评墨家，有一段极精辟的话。他说：

礼起于何也？曰：人生而有欲，欲而不得则不能无求，求而无度量分界则不能不争。争则乱，乱则穷。先王恶其乱也，故制礼义以分之，以养人之欲，给人之求。使欲必不穷于物，物必不屈于欲。两者相持而长，是礼之所以起也。故礼者养也……出死要节，之所以养生也。孰知夫出费用，之所以养财也。孰知夫恭敬辞让，之所以养安也。孰知夫礼义文理，之所以养情也。故人苟生之为见，若者必死。苟利之为见，若者必害。苟怠惰偷懦之为安，若者必危。苟情说之为乐，若者必灭。故人一之于礼义，则两得之矣。一之于情性，则两丧之矣。儒者将使人两得之者也。故墨者将使人两丧之者也。是儒墨之分也。(《荀子·礼论》)

荀子着眼在人类群体生活上来阐述儒家的"礼"之精义。外面注意物质经济条件，内面注意情感需要条件。"礼"可以给此外、内双方以协调，使内心欲求不远超过外面物质经济之所允可。使外面经济物质供养，也不远落在内心欲求之后。这是兼顾心、物双方之一种人生调节与人生艺术。墨家只看重外面物质实利，其实是站在纯经济的立场，而忽略了内在的情性。但荀子是主张性恶的，认为人性只知好物质实利，故反而说墨子只看重了人的情性。孔孟言礼，主从人类相互间的"爱"与"敬"出发，荀子则改从人类经济生活之利害上出发。故孔孟言礼，是"对人"的，而且当下即是一目的。荀子言礼，则转成"对物"，而且仅成一手段。荀子发扬儒学，而忽略儒之言仁，荀子毕竟只是一个智者，非仁人。（庄子亦是一智者，墨子、惠施则一是志士，一是纯理论者。）但荀子言礼极具体，他说"礼"中包含人生种种之"欲"，对此后中国经济思想有关政治实际措施方面之影响则极大。

荀子批评惠施，也有一段精辟的话。他说：

君子之言，涉然（深入人生实际）而精，俛然（俯就人生实际）而类，差差然（貌若不平不齐）而齐。彼正其名，当其辞，以务白其志义者也。彼名辞也者，志义之使也。（辞是判断，名与辞是人类表达志义之工具，却不能由名与辞获得志义。）足以相通则舍之矣。(名与辞是人对人之表白,非人对理之探求。)故名足以指实,辞足以见极(极,中也,本也),则舍之矣。外是者谓之讱。(讱,难也。艰深之义。言辨艰深,仅以难人,反失真理。)是君子之所弃,而愚者拾以为己宝,故愚者诱其名,眩其辞,而无深于其志义者也。(《荀子·正名》)

他又说:

名也者,所以期异实也。(分异外面之实,如人与物两名异实。)辞也者,兼异实之名以论一意也。(如"人为万物之灵"一语,兼人物两异实之名而表示出对人之评价。)辩说也者,心之象道也。("道"字疑衍。辩说只表达心之所思,故曰"心之象"。)心也者,道之工宰也。(非心则道不明,犹非工则器不成。宰是主宰义。)道也者,治之经理也。(治是人类群体生活之最高表现,而道为之条理。)心合于道,说合于心,辞合于说,正名而期。(《荀子·正名》)

这是说能合于道者是心,心有所思所明而以说表出之。说由辞组成。故辞必合于其所欲说。辞必兼异实之名而成。故欲立辞成说,必先正名以待,故正名只是铸辞立说的一种工具。明"道"者是"心"，由"说"来表达之，又用"辞"来表达"说"，用"名"来表达"辞"。辨者之蔽，是把此顺序逆转了。他们由名生出辞，由辞生出说，即由说来替换了心，而认之为道了。荀子此一态度，仍近孔子与庄子，主从人生实际经验中求道，不从名与辞之辨析理论中明道，所以与名、墨分途。这一番驳正惠施一派辩者之言，极似庄子，而说来更透辟。名、墨两家的思想方法，在将来中国思想界无大进展，荀子的影响亦大。

现在再抄录荀子批评庄子的一番话，他说：

明于天人之分，则可谓至人矣。不为而成，不求而得，夫是之谓天职。如是者虽深，其人不加虑焉。虽大，不加能焉。虽精，不加察焉。夫是之谓不与天争职。天有其时，地有其财，人有其治，夫是之谓能参。舍其所以参而愿其所参，则惑矣。列星随旋，日月递炤，四时代御，阴阳大化，风雨博施，万物各得其和以生，各得其养以成，不见其事而见其功，夫是之谓神。皆知其所以成，莫知其无形，夫是之谓天。唯圣人为不求知天。天职既立，天功既成，形具而神生（此即子产"既生魄、阳曰魂"之义），好恶喜怒哀乐臧焉，夫是之谓天情。耳目鼻口形能，各有接而不相能也，夫是之谓天官。心居中虚以治五官，夫是之谓天君。财非其类以养其类，夫是之谓天养。顺其类者谓之福，逆其类者谓之祸，夫是之谓天政。暗其天君,乱其天官,弃其天养,逆其天政,背其天情,以丧天功,夫是之谓大凶。圣人清其天君,正其天官,备其天养,顺其天政,养其天情,以全其天功,如是则知其所为,知其所不为矣。则天地官而万物役矣。其行曲治,其养曲适,其生不伤,夫是之谓知天。故大巧在所不为,大智在所不虑。(《荀子·天论》)

荀子又说:

大天而思之,孰与物畜而制之?从天而颂之,孰与制天命而用之?望时而待之,孰与应时而使之?因物而多之,孰与骋能而化之?思物而物之,孰与理物而勿失之也?愿于物之所以生,孰与有物之所以成?故错人而思天,则失万物之情。(《荀子·天论》)

此一番话,显是针对庄周一派"知有天而不知有人"者发。但有些说得过偏过重了,又似乎转近于只求知人,不求知天了。庄子意在扩大人的智识范围,不要仅仅拘囿在人生圈子之内;荀子则在规制人的智识范围,只许拘囿在人生圈内已够了。孔子奖励人"知命",积极方面像是庄子,消极方面像是荀卿。而且孔子的知命之学,还留有一条天人相通之路,荀子则把天、人界线划得太清楚了,遂变成天、人对立,变成"制天命而用之"了。孔子思想中所留着的一条天人相通之路，便是他对人性的观点。子贡说：

> 夫子之文章，可得而闻也。夫子之言性与天道，不可得而闻也。（《论语·公冶长》）

从子贡的话里，即透露出孔子对人性与天道，是同样看法的。后来孟子说"尽性知天"，便是沿着孔子看法而来。孔子言仁，孟子言性善，宇宙界与人生界即从此人心之"仁"与人性之"善"上通气。现在荀子因为要力反庄子之太偏向自然，而过分提高了人为，于是把天与人截然分开，主张性是恶的，天是要制的，他的理论遂不免太偏于重智。他讲人心功能，也看重思虑（即智），而忽略了情感（即仁），于是在荀子思想中，遂不得不更多承认了"欲"的地位。他说：

> 凡语治而待去欲者，无以道欲而困于有欲者也。凡语治而待寡欲者，无以节欲而困于多欲者也……欲不待可得，而求者从所可。欲不待可得，所受乎天也。求者从所可，所受乎心也。所受乎天之一欲，制于所受乎心之多，固难类所受乎天也。故欲过之而动不及，心止之也。心之所可中理，则欲虽多，奚伤于治？欲不及而动过之，心使之也。心之所可失理，则欲虽寡，奚止于乱？故治乱在

于心之所可，亡于情之所欲。欲虽不可尽，可以近尽也。欲虽不可去，求可节也。所欲虽不可尽，求者犹近尽。欲虽不可去，所求不得，虑者欲节求也。道者，进则近尽，退则节求，天下莫之若也。（《荀子·正名》）

荀子思想中对"欲"有二态度，可进则求近乎满足所欲，不可进而退，则求自己节制所欲，不使其太不够满足。这一番功夫，则全赖人之心智。心智贵能知道，此道即指示人进尽欲、退节欲之恰好道路。则荀子此处所谓"道"，与上引之所谓"礼"，皆是人群面对物质生活之所需，而非发源于人与人相处之一片深情厚谊而始有，此为荀子与孔孟之相异处。在此处，荀子虽力反庄子，其思想路径又实与庄子为近，荀子曰：

人何以知道？曰：心。心何以知？曰：虚一而静。虚一而静，谓之大清明。万物莫形而不见，莫见而不论，莫论而失位。（论是"经纶"义，伦理指物与物之相互关系言。）坐于室而见四海，处于今而论久远，疏观万物而知其情，参稽治乱而通其度，经纬天地而材官万物，制割大理而宇宙里矣。（《荀子·解蔽》）

可见荀子思想是对物的，是纯理智的（不注重人类天性中之仁爱，不注重人与人间之自然情意，此一点使其甚近于西方哲学），但非纯思辨、纯理论的。（以其反对名、墨两家之思辨方法，这一点使其仍与西方哲学不类。）他的获得理智的方法，却有些近似于庄子。（这一点使其虽主张严格划分天、人界线，虽颇主克服自然，驾驭自然，而并不能接近西方科学的道路。）他虽很看重人类群体生活，而注意到其间之礼义法度。但其对人群，亦如对物般，只就其生活之外面着眼，没有一种人与人间之情意之相通。因此使其成为一傲慢的智识主义者，成为一主张等级性的智识贵族。他专就智识立场分人为四等。他说：

有圣人之知者，有士君子之知者，有小人之知者，有役夫之知者。（《荀子·性恶》）

在他处，荀子又分人为大儒、雅儒、俗儒、俗人之四类。大儒即圣人，如孔子。雅儒相当于士君子，俗儒相当是役夫，荀子在他处又称之为奸人，乃指反儒术之百家言。俗人即小人，乃为无知无识之平民。他说：

不学问，无正义，以富利为隆，是俗人者也。略法先王而足乱世术，缪学杂举，不知法后王而一制度，不知隆礼义而杀《诗》、

《书》("隆礼义"是守后王之法度,称道诗书,则上究历史,法先王矣。杀是轻减其重量之义,"杀《诗》、《书》"即不要太重视古代),呼先王以欺愚者,是俗儒者也。法后王,一制度,隆礼义而杀《诗》、《书》,其言行已有大法矣。然而明不能齐,法教之所不及,闻见之所未至,则知不能类也。尊贤畏法而不敢怠傲,是雅儒者也。法先王,统礼义,一制度,以浅持博,以古持今,以一持万,举统类而应之,无所儗㤰,张法而度之,则暗然若合符节,是大儒者也。(《荀子·儒效》)

荀子又说:

多言而类,圣人也。少言而法,君子也。多言无法而流湎然,虽辩,小人也。……劳力而不当民务,谓之奸事。劳知而不律先王,谓之奸心。辩说譬谕,齐给便利。而不顺礼义,谓之奸说。此三奸者,圣王之所禁也。(《荀子·非十二子》)

又曰:

听其言则辞辩而无统,用其身则多诈而无功,上不足以顺明王,下不足以和齐百姓,……夫是之谓奸人之雄。圣王起,所以先

诛也。然后盗贼次之。盗贼得变，此不得变也。(《荀子·非相》)

  在荀子之意，唯知通统类者才配治历史，法先王，来创法定制。其次知不能通统类，则仅能法后王，遵法守制，奉行政令。再其次，论不到知识思想，则当劳力于衣食生事。尚有一辈人，知不能通统类，偏要法先王，高谈古昔，昧于时变，而强固不变，不服从后王之法令，则圣王起只有先诛。荀子这一理论，思想上一转为韩非法家，见之实际政治，则为李斯相秦，焚书坑儒，禁人以古非今（即不许第二级智识以下人亦谈历史，根据古而疑今），偶语《诗》、《书》即弃市。[礼法是今王（即后王）所制，《诗》《书》乃先王所遗。大儒圣人，知通统类，故能推先王《诗》《书》之意而创定礼法。第二级智识以下，则只许遵奉时王制度，不许谈《诗》《书》，议礼法。]而令欲学者以吏为师。（即是法后王之礼法，此语亦见韩非书中。）李、韩都是荀卿弟子，这是本着偏智不仁的态度来讨论人类群体生活者所应有之结果。

  （原载钱穆:《中国思想史》，九州出版社2011年版）

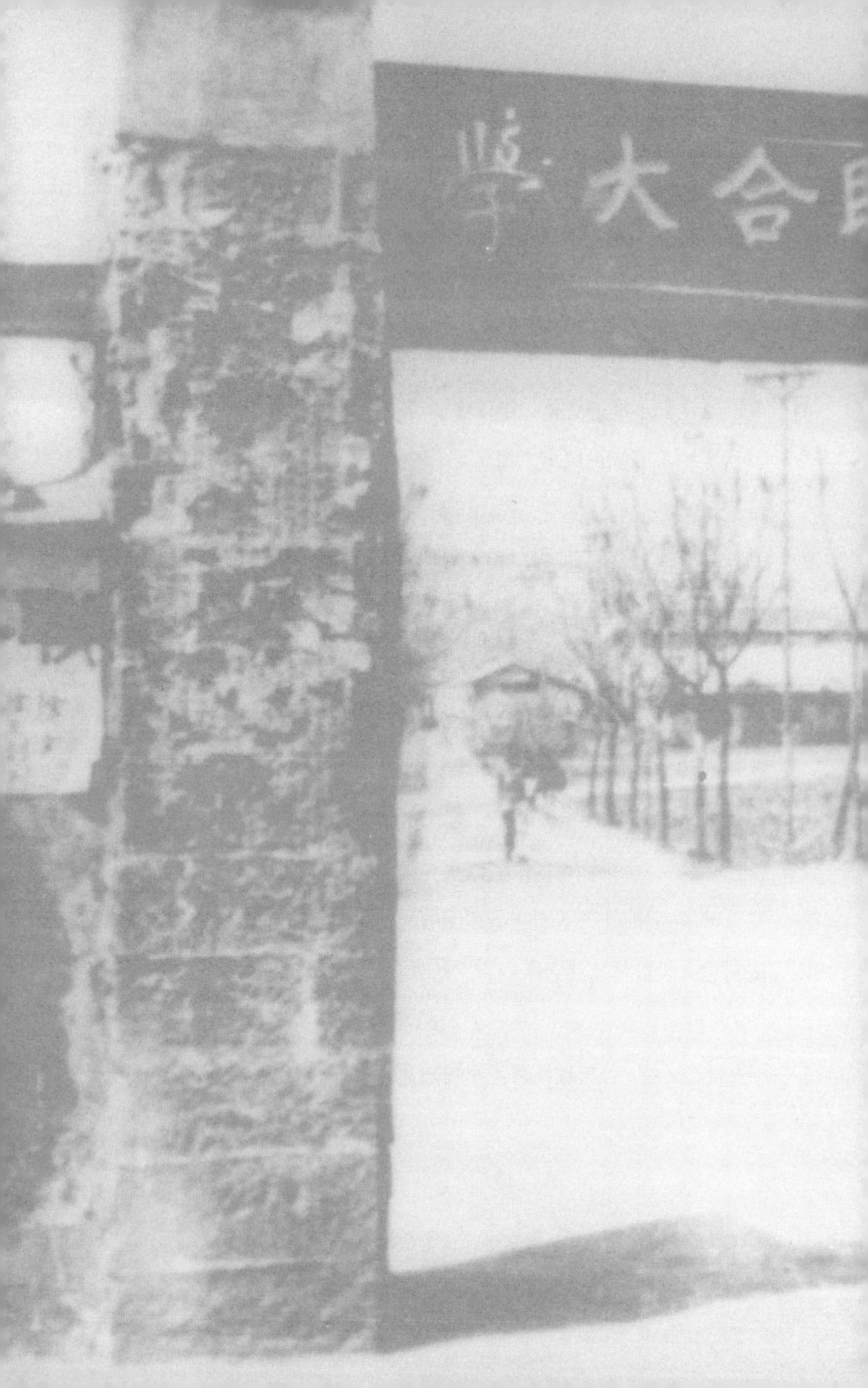

第三篇 道法自然
道家三讲

1937—1946

1937—1946

傅斯年:《老子》五千言之作者及宗旨

汪容甫《老子考异》一文所论精彻,兹全录之如下:

《史记·孔子世家》云:"南宫敬叔与孔子俱适周问礼,盖见老子云。"《老庄申韩列传》云:"孔子适周,问礼于老子。"按,老子言行今见于曾子问者凡四,是孔子之所从学者可信也。夫助葬而遇日食,然且以见星为嫌,止柩以听变,其谨于礼也如是;至其书则曰:"礼者忠信之薄,而乱之首也。"下殇之葬,称引周召史佚,其尊信前哲也如是;而其书则曰:"圣人不死,大盗不止。"彼引乖违甚矣!故郑注谓古寿考者之称,黄东发《日抄》亦疑之,而皆无以辅其说。其疑一也。《本传》云:"老子楚苦县厉乡曲仁里人也。"又云:"周守藏室之史也。"按周室既东,辛有入晋(《左传》昭公二十年),司马适秦(《太史公自序》),史角在鲁(《吕氏春秋·当染》篇),王官之符,或流播于四方,列国之产,唯晋悼尝仕于周,其他固无闻焉。况楚之于周，声教中阻，又非鲁郑之比。且古之典籍旧闻，唯在瞽史，其人并世官宿业，羁旅无所置其身。其疑二也。《本传》又云："老子，隐君子也。"身为王官，不可谓隐。其疑三也。今按《列子·黄帝》、《说符》二篇，凡三载列子与关尹子答问之语。(《庄子·达生》篇与《列子·黄帝》篇文同，《吕氏春秋·审己》篇与《列子·说符》篇同。)而列子与郑子阳同时，见于本书。《六国表》："郑杀其相驷子阳。"在韩列侯二年，上距孔子之殁凡八十二年。关尹子之年世既可考而知，则为关尹著书之老子，其年亦从可知矣。《文子·精诚》篇引《老子》曰："秦楚燕魏之歌，异传而皆乐。"按，燕终春秋之世，不通盟会。《精诚》篇称燕自文侯之后始与冠带之国。(燕世家有两文公，武公子文公，《索隐》引《世本》作闵公，其事迹不见于《左氏春秋》，不得谓始与冠带之国。桓公子亦称文公，司马迁称其予车马金帛以至赵，约六国为纵，与文子所称时势正合。)文公元年上距孔子之殁凡百二十六年，《老子》以燕与秦楚魏并称，则《老子》已及见文公之始强矣。又魏之建国，上距孔子之殁凡七十五年，而《老子》以之与三国齿，则《老子》已及见其侯矣。《列子·黄帝》篇载老子教杨朱事。(《庄子·寓言》篇文同，唯以朱作子居，今江东读朱如居，张湛注《列子》云：朱字子居，非也。)《杨朱》篇禽子曰："以子之言问老聃、关尹则子言当矣，以吾言问大禹、墨翟，则吾言当矣。"然则朱固老子之弟子也。又云:"端木叔者,子贡之世也。"又云:"其死也,无瘗埋之资。"又云:"禽滑釐曰、端木叔,狂人也,辱其祖矣。段干生曰:端木叔,达人也,德过其祖矣。"朱为老子之弟子,而及见子贡之孙之死,则朱所师之老子不得与孔子同时也。《说苑·政理》篇:"杨朱见梁王,言治天下如运诸掌。"梁之称王自惠王始,惠王元年上距孔子之殁凡百十八年;杨朱已及见其王,则朱所师事之老子其年世可知矣。《本传》云:"见周之衰,乃遂去,至关。"抱朴子以为散关,又以为函谷关。按,散关远在岐州,秦函谷关在灵宝县,正当周适秦之道,关尹又与郑之列子相接,则以函谷为是。函谷之置,旧无明文。当孔子之世,二崤犹在晋地,桃林之塞,詹瑕实守之。唯贾谊《新书·过秦》篇云:"秦孝公据崤函之固。"则是旧有其地矣。秦自躁怀以后,数世中衰,至献公而始大,故《本纪》献公二十一年:"与晋战于石门,斩首六万。"二十三年:"与魏晋战少梁,虏其将公孙痤。"然则是关之置,在献公之世矣。由是言之,孔子所问礼者聃也,其人为周守藏室之史,言与行则曾子问所在者是也。周太史儋见秦献公,《本纪》在献公十一年,去魏文侯之殁十三年,而老子之子宗为魏将封于段干(《魏世家》,安釐王四年魏将段干子请予秦南阳以和。《国策》,华军之战,魏不胜秦,明年将使段干崇割地而讲。《六国表》,秦昭王二十四年,白起击魏华阳军。按,是时上距孔子之卒,凡二百一十年），则为儋之子无疑。而言道德之意五千余言者，儋也。其入秦见献公，即去周至关之事。《本传》云："或曰，儋即老子。"其言题矣。至孔子称老莱子，今见于太傅礼卫将军文子篇，《史记·仲尼弟子列传》亦载其说，而所云贫而乐者，与隐君子之文正合。老莱之为楚人，又见《汉书·艺文志》，盖即苦县厉乡曲仁里也。而老聃之为楚人，则又因老莱子而误，故《本传》老子语孔子"去子之骄气与多欲，态色与淫志"。而《庄子·外物》篇则曰，老莱子谓孔子"去汝躬矜与汝容知"。《国策》载老莱子教孔子语，《孔丛子·抗志》篇以为老莱子语子思，而《说苑·敬慎》篇则以为常枞教老子。(《吕氏春秋·慎大》篇，表商容之闾。高诱注，商容，殷之贤人，老子师也。商常容枞音近而误。《淮南·主术训》，表商容之闾，注同。《缪称训》：老子学商容，见舌而知守柔矣。《吕氏春秋·离谓》篇，箕子商容以此穷。注，商容，纣时贤人，老子所从学也。）然则老莱子之称老子也旧矣。实则三人不相蒙也。若《庄子》载老聃之言，率源于道德之意，而《天道》篇载孔子西藏书于周室，尤误后人。"寓言十九"，固已自揭之矣。

容甫将《老子列传》中之主人分为三人，而以著五千文者为史儋，孔子问礼者为老聃，家于苦县者为老莱子。此种分析诚未必尽是，然实是近代考证学最秀美之著作。若试决其当否，宜先审其推论所本之事实，出自何处。（一）容甫不取《庄子》，以为"寓言十九，固自揭之"。按，今本《庄子》，实向秀、郭象所定之本（见《晋书·本传》），西晋前之庄子面目，今已不可得见，郭氏于此书之流行本，大为删刈。《经典释文》卷一引之曰："故郭子云，一曲之才，妄窜奇说，若阏奕意修之首，危言游凫子胥之篇，凡诸巧杂十分有三。"子玄非考订家，其所删削，全凭自己之理会可知也。庄子之成分既杂，今本面目之成立又甚后（说详下文释《庄子》节），则《庄子》一书本难引为史料。盖如是后人增益者，固不足据，如诚是自己所为，则"寓言十九，固自己揭之"也。《庄子》书中虽有与容甫说相反者，诚未足破之。（二）容甫引用《列子》文，《列子》固较《庄子》为可信耶？《列子》八篇之今本，亦成于魏晋时，不可谓其全伪，以其中收容有若干旧材料也。不可谓其不伪，以其编制润色增益出自后人也。《列子》书中所记人事，每每偶一复核，顿见其谬者；今证老子时代，多取于此，诚未可以为定论。

然有一事足证汪说者，《史记》记老子七代孙假仕汉文朝，假定父子一世平均相差三十五年不为不多，老子犹不应上于周安王。安王元年，上距孔子之生犹百余年。且魏为诸侯在威烈王二十三年（公元前403年），上距孔子之卒（公元前479年）七十六年，若老子长于孔子者，老子之子焉得如此之后？又《庄子·天下》篇（《天下》篇之非寓言，当无异论），关尹、老聃并举，关尹在前，老聃在后。关尹生年无可详考，然周故籍以及后人附会，无以之为在诸子中甚早者；关尹如此，老子可知。《史记》记老子只四事：（一）为周守藏史；（二）孔子问礼；（三）至关见关尹；（四）子宗仕魏。此四事除问礼一事外，无不与儋合。（儋为周史，儋入关见秦献公，儋如有子，以时代论恰可仕于魏。）容甫所分析宜若不误也。五千言所谈者，大略两端：（一）道术；（二）权谋。此两端实亦一事，道术即是权谋之扩充，权谋亦即道术之实用。"知其雄，守其雌，为天下溪；知其荣，守其辱，为天下谷"；"人皆取先，己独取后"云云者，固是道术之辞，亦即权谋之用。五千言之意，最洞彻世故人情，世当战国，人识古今，全无主观之论，皆成深刻之言。"将欲取之，必故与之"，即荀息灭虢之策，阴谋之甚者也。"夫唯弗吾，是以不去"，即所谓"精华既竭，蹇裳去之"者之廉也。故《韩非子》书中《解老》、《喻老》两篇所释者，诚《老子》之本旨，谈道术乃其作用之背景，阴谋术数乃其处世之路也。"当其无有车之用"，实帝王之术。"国之利器，不可示人"，亦御下之方。至于柔弱胜刚强，无事取天下，则战国所托黄帝、殷甲、伊尹、太公皆如此旨。并竞之世，以此取敌；并事一朝，以此自得。其言若抽象，若怪谲，其实乃皆人事之归纳，处世之方策。《解老》以人间世释之，《喻老》以故事释之，皆最善释老者。王辅嗣敷衍旨要，固已不及；若后之侈为玄谈，曼衍以成长论，乃真无当于《老子》用世之学者矣。《史记》称汉文帝好黄老刑名，今观文帝行事，政持大体，令不扰民，节用节礼，除名除华，居平勃之上，以无用为用，介强藩之中，以柔弱克之，此非庸人多厚福，乃是帷幄有深谋也。洛阳贾生，虽为斯公再传弟子，习于刑名，然年少气盛，侈言高论，以正朔服色动文帝，文帝安用此扰为？窦太后问辕固生《老子》何如，辕云："此家人言耳。"可见汉人于《老子》以为处世之论而已，初与侈谈道体者大不同，尤与神仙不相涉也。又汉初为老学者曰黄老，黄者或云黄帝，或云黄生（例如夏曾佑说）。黄生汉人，不宜居老之上。而《汉志》列黄帝者四目，兵家举黄帝风后力牧者，又若与道家混。是黄老之黄，乃指黄帝，不必有异论。五千文中，固自言"以正治国，以奇用兵，以无事取天下"；则无为之论，权谋术数之方，在战国时代诚可合为一势者矣。

综上所说，约之如下：五千文非玄谈者，乃世事深刻归纳。在战国时代，全非显学。孔子孟子固未提及，即下至战国末，荀子非十二子，老氏关尹不与；韩非斥显学，绝五蠹，道家黄老不之及；仅仅《庄子·天下》篇一及之，然所举关尹之言乃若论道，所称老聃之言只是论事。《庄子·天下》篇之年代，盖差前乎荀卿，而入汉后或遭润色者（说别详）。是战国末汉初之老学，应以《韩子·解》、《喻》两篇者为正；文帝之治为其用之效，合阴谋，括兵家，为其域之广。留侯黄石之传说，河上公之神话，皆就"守如处女，出如脱兔"之义敷衍之，进为人君治世之衡，退以其说为帝王师，斯乃汉初之黄、老面目。史儋以其职业多识前言往行，处六百年之宗主国，丁世变之极殷（战国初年实中国之大变，顾亭林曾论之），其制五千言固为情理之甚可能者。今人所谓"老奸巨猾"者，自始即号老矣。申、韩刑名之学，本与老氏无冲突处，一谈其节，一振其纲，固可以刑名为用，以黄、老为体矣。此老氏学最初之面目也。

"老学既黄"（戏为此词），初无须大变老氏旨也，盖以阴谋运筹帷幄之中，以权略术数决胜千里之外，人主之取老氏者本以此，则既黄而兵家权略皆入之，亦固其所。然黄帝实战国末汉初一最大神道，儒道方士神仙兵家法家皆托焉，太史公足迹所至，皆闻其神话之迹焉（见《五帝本纪·赞》）。则既黄而杂亦自然之势矣。老学一变而杂神仙方士，神仙方士初与老氏绝不相涉也（白居易诗"玄元圣祖五千言，不言药，不言仙，不言白日升青天"），神仙方士起于燕齐海上，太史公记之如此，本与邹鲁之儒学无涉，周郑三晋之道论（老子），官术（申韩），不相干。然神仙方术之说来自海滨，无世可纪，不得不比附显学以自重于当时。战国末显学儒墨也（见《韩非子》），故秦始皇好神仙方士，乃东游，竟至邹峄山，聚诸生而议之。其后怒求神仙者之不成功，大坑术士，而扶苏谏曰：

"诸生皆诵法孔子，今上皆重法绳之，臣恐天下不安。"坑术士竟成坑儒，则当时术士自附于显学之儒可知。儒者在战国时，曾西流三晋，南行楚吴；入汉而微，仅齐鲁之故垒不失。文景时显学为黄老，于是神仙方士又附黄老，而修道养性长寿成丹各说皆与老子文成姻缘，《淮南》一书，示当时此种流势者不少。故神仙方士之入于道，时代为之，与本旨之自然演化无涉也。

武帝正儒者之统，行阴阳之教，老学遂微。汉初数十年之显学，虽式微于上，民间称号终不可怠。且权柄刑名之论，深于世故者好取之，驭下者最便之，故宣帝犹贤黄老刑名，而薄儒术。后世治国者纵惯以儒术为号，实每每阴用黄、老、申、韩焉。又百家废后，自在民间离合，阴阳五行既已磅礴当世，道与各家不免借之为体，试观《七略》、《汉志》论次诸子，无家不成杂家，非命之墨犹须顺四时而行（阴阳家说)，其他可知矣。在此种民间混合中，老子之号自居一位，至于汉末而有黄巾道士，斯诚与汉初老学全不相涉也。

东汉以来，儒术凝结，端异者又清澈之思，王充、仲长统论言于前，王弼、钟会注书于后，于是老氏之论复兴。然魏、晋之老乃庄老，与汉初黄、老绝不同。治国者黄、老之事，玄谈者庄、老之事。老、庄之别，《天下》篇自言之，老乃世事洞明，而以深刻之方术驭之者；庄乃人情练达，终于感其无可奈何，遂"糊里糊涂以不了了之"者。魏、晋间人，大若看破世间红尘，与时俯仰，通其狂惑（如阮嗣宗），故亦卮言曼行，"以天下为沉浊不可与庄语"，此皆庄书所称。若老子则有积极要求，潜藏虽有之，却并非"不谴是非以与世俗处"者。干令升《晋纪·总论》云："学者以庄老为宗而绌六经"，不言老庄。太史公以庄释老，遂取庄书中不甚要各篇，当时儒道相绌之词，特标举之。甚不知庄生自有其旨。魏晋人又以老释庄，而五千言文用世之意，于以微焉。例如何平叔者，安知陈、张、萧、曹之术乎？乃亦侈为清谈，超机神而自比于犹龙，志存吴、蜀，忘却肘腋之患，适得子房之反，运筹千里之外，决败帷幄之中矣。此种清谈绝非《老子》之效用也。

老学之流变既如上述，若晋人葛洪神仙之说，魏人寇嫌之符箓之术，皆黄巾道士之支与裔，与老子绝无涉者。老莱子一人，孔子弟子列传既引之，大约汉世乃及战国所称孔子问礼之事每以老莱子当之，以老聃当之者，其别说也。孔子事迹后人附会极多，今唯折中于《论语》，差为近情。《论语》未谈孔子问礼事，然记孔子适南时所受一切揶揄之言，如长沮、桀溺、荷蓧丈人、接舆等等，而凤兮之叹流传尤多。孔子至楚乃后来传说，无可考证，若厄陈、蔡则系史实。苦为陈邑，孔子卒时陈亡于楚，则老莱子固可为孔子适陈、蔡时所遇之隐君子，苦邑人亦可因陈亡而为楚人厉，之与莱在声音上同纽，或亦方言之异也。老莱子责孔子以"去汝躬矜与汝容知"之说，容有论事，则老莱亦楚狂一流之人；不然，亦当是凭借此类故事而生之传说，初无涉乎问礼。及老聃（或史儋）之学浸浸与显学之儒角逐，孔老时代相差不甚远，从老氏以绌儒学者，乃依旧闻而造新说，遂有问礼之论，此固是后人作化胡经之故智。六朝人可将老聃、释迦合，战国末汉初人独不可将仲尼、老聃合乎？《论语》、《孟子》、《荀子》及《曲礼》、《檀弓》诸篇，战国儒家史今存之材料也，其中固无一言及此，唯《曾子问》三言之。今观《曾子·檀弓问》所记，皆礼之曲节，阴阳避忌之言，传曾掌故之语，诚不足当问礼之大事。明堂《戴记》中，除《曲礼》数篇尚存若干战国材料外，几乎皆是汉博士著作或编辑，前人固已言其端矣。（太史公、班孟坚、卢植明指《王制》为汉文时博士作，甚显之《中庸》，亦载"今天下车同轨"及"载华岳而不重"之言。）

附记：韩文公已开始不信问礼事，《原道》云："老者曰，孔子吾师之弟子也，为孔子者习闻其说，乐其诞而自小也，亦曰吾师亦尝师之云尔。不惟举之于其口，而又笔之于其书。"然《史记》一书杂老学，非专为儒者。

儋、聃为一人，儋、聃亦为一语之方言变异。王船山曰："老聃亦曰太史儋，儋、聃音盖相近。"毕沅曰："古瞻、儋字通。《说文解字》有聃云：'耳曼也。'又有瞻字云：'垂耳也，南方瞻耳之国。'《大荒北经》、《吕览》瞻耳字并作儋。又《吕览》老聃字，

《淮南王书》瞻耳字皆作耽。《说文解字》有耽字云：'耳大垂也。'盖三字声义相同，故并借用之。"此确论也。儋、聃既为一字之两书，孔子又安得于卒后百余年从在秦献公十一年入关之太史儋问礼乎？总而言之，果著五千文者有人可指当为史儋，果孔子适南又受揶揄，当为老莱子也。

上说或嫌头绪不甚清晰，兹更约述之。

（一）《老子》五千言之作者为太史儋，儋既为老聃，后于孔子。此合汪、毕说。

（二）儋、聃虽一人，而老莱则另一人，莱、厉或即一语之转。

（三）孔子无问礼事，《曾子问》不可据。问礼说起于汉初年儒老之争。

（四）始有孔子受老莱子揶揄之传说，后将老子代老莱。假定如此。

（五）《老子》书在战国非显学，入汉然后风靡一世。

（六）老、庄根本有别，《韩子》书中《解老》、《喻老》两篇，乃得《老子》书早年面目者。

《庄子》书最杂，须先分析篇章然后可述说指归。

（原载傅斯年：《战国子家叙论　史学方法导论　史记研究》，上海古籍出版社2012年版）

1899—1946

闻一多：庄子

臣子所好者道也，进乎技矣。

——《养生主》

一

庄子名周，宋之蒙人（今河南商丘县东北）。[阎若璩曰："凤阳（濠涞）为其游览之地，曹昙（漆园）为其宦游之地。"]宋在战国时属魏，魏都大梁，因又称梁。《史记》说他与梁惠王、齐宣王同时。《庄子·田子方》、《徐无鬼》两篇于魏文侯，武侯称谥，而《则阳》篇、《秋水》篇径称惠王的名字，又称公子，《山木》篇又称为王，《养生主》称文惠君，看来他大概生于魏武侯末叶，现在姑且定为周烈王元年（公元前375年）。他的卒年，马叙伦定为赧王二十年（公元前295年），大致是不错的。

与他同时代的惠施只管被梁王称为"仲父"，齐国的稷下先生们只管"皆列第为上大夫"，荀卿只管"三为祭酒"，吕不韦的门下只管"珠履者三千人"——庄周只管穷困了一生，寂寞了一生，

《庄子·外物》篇说他"家贫，故往贷粟于监河侯"，《山木》篇说他"衣大布而补之，正緳系履而过魏王"。这两件故事是否寓言，不得而知，然而拿这所反映的一幅穷措大的写照，加在庄周身上，决不冤枉他。我们知道一个人稍有点才智，在当时，要交结王侯，赚些名声利禄，是极平常的事。《史记》称庄子"其学无所不窥"，又说他"善属书离辞，指事类情，用剽剥儒墨，虽当世宿学不能自解免也"。庄子的博学和才辩并不弱似何人，当时也不是没人请教他，无奈他脾气太古怪，不会和他们混，不愿和他们混。据说楚威王遣过两位大夫来聘他为相，他发一大篇议论，吩咐他们走了。《史记》又说他做过一晌漆园吏，那多半是为糊口计。吏的职分真是小得可怜，谈不上仕宦，可是也有个好处——不致妨害人的身份，剥夺人的自由。庄子一辈子只是不肯做事，大概当一个小吏，在庄子，是让步到最高限度了。依据他自己的学说，做事是不应当的，还不只是一个人肯不肯的问题。但我想那是愤激的遁辞。他的实心话不业已对楚王的使者讲过吗？

子独不见郊祭之牺牛乎？养食之数岁，衣以文绣，以入太庙，当是之时，虽欲为孤豚，岂可得乎？

又有一次宋国有个曹商，为宋王出使到秦国，初去时，得了几乘车的俸禄，秦王高兴了，加到百乘。这人回来，碰见庄子，大夸他的本领，你猜庄子怎样回答他？

秦王有病，召医。破痈溃痤者得车一乘，舐痔者得车五乘，所治愈下，得车愈多。子岂治其痔邪？何得车之多也？子行矣！

话是太挖苦了，可是当时宦途的风气也就可想而知。在那种情况之下，即使庄子想要做事，教他如何做去？

我们根据现在的《庄子》三十三篇中比较可靠的一部分，考察他的行踪，知道他到过楚国一次，在齐国待过一响，此外似乎在家乡的时候多。和他接谈过的也十有八九是本国人。《田子方》篇见鲁哀公的话，毫无问题是寓言；《说剑》是一篇赝作，因此见赵文王的事更靠不住。倒是"庄子钓于濮水"，"庄子与惠子游于濠梁之上"，"庄子游乎雕陵之樊"，"庄子行于山中，……出于山，舍于故人之家"——这一类的记载比较合于庄周的身份，所以我们至少可以从这里猜出他的生活的一个大致。他大概是《刻意》篇所谓"就薮泽，处闲旷，钓鱼闲处，无为而已矣"的一种人。我们不能想象庄子那人，朱门大厦中会常常有他的足迹，尽管时代的风气是那样的，风气干庄周什么事？况且王侯们也未必十分热心要见庄周。平白的叫他挖苦一顿做什么！太史公不是明讲了"自王公大人不能器之"吗?

惠子屡次攻击庄子"无用"。那真是全不懂庄子而又懂透了庄子。庄子诚然是无用,但是他要"用"做什么?

山木自寇也;膏火自煎也;桂可食,故伐之;漆可用,故割之。人皆知有用之用,而莫知无用之用也。

这样看来,王公大人们不能器重庄子,正合庄子的心愿。他"学无所不窥",他"属书离辞,指事类情",正因犯着有用的嫌疑,所以更不能不掩藏、避讳,装出那"其卧徐徐,其觉于于,一以己为马,一以己为牛"的一副假痴假骏的样子,以求自救。

归真的讲,关于庄子的生活,我们知道的很有限。三十三篇中述了不少关于他的轶事,可是谁能指出哪是寓言,哪是实录?所幸的,那些似真似假的材料,虽不好坐实为庄子的信史,却满足以代表他的性情与思想;那起码都算得画家所谓"得其神似"。例如《齐物论》里"庄周梦为蝴蝶"的谈话,恰恰反映着一个潇洒的庄子;《至乐》篇称"庄子妻死,惠子吊之,庄子则方箕踞鼓盆而歌",又分明影射着一个放达的庄子;《列御寇》篇所载庄子临终的那段放论,也许完全可靠:

庄子将死，弟子欲厚葬之。庄子曰："吾以天地为棺椁，日月为连璧，星辰为珠玑，万物为赉送。吾葬具岂不备邪？何以加此？"弟子曰："吾恐乌鸢之食夫子也。"庄子曰："在上为乌鸢食，在下为蝼蚁食，夺彼与此，何其偏也！"

其余的故事，或滑稽，或激烈，或高超，或毒辣，不胜枚举，每一事象征着庄子人格的一方面，综合的看去，何尝不俨然是一个活现的人物？

有一件事，我们知道是万无可疑的，惠施在庄子生活中占一个很重要的位置。这人是他最接近的朋友，也是他最大的仇敌。他的思想行为，一切都和庄子相反，然而才极高，学极博，又是和庄子相同的。他是当代最有势力的一派学说的首领，是魏国的一位大政治家。庄子一开口便和惠子抬杠；一部《庄子》，几乎页页上有直接或间接糟蹋惠子的话。说不定庄周著书的动机大部分是为反对惠施和惠施的学说，他并且有诬蔑到老朋友的人格的时候。据说（*大概是他的弟子们造的谣言*）庄子到梁国，惠子得着消息，下了一道通缉令，满城搜索了三天。说惠子是怕庄子来抢他的相位，冤枉了惠子，也冤枉了庄子。假如那事属实，大概惠子是被庄子毁谤得太过火，为他办事起见，不能不下那毒手？然而惠子死后，庄子送葬，走到朋友的墓旁，叹息道："自夫子之死也，吾无以为质矣，吾无与言之矣！"两人本是旗鼓相当的敌手，难怪惠子死了，庄子反而感到孤寂。

除了同国的惠子之外，庄子不见得还有多少朋友。他的门徒大概也有限。朱熹以为"庄子当时亦无人宗之，他只在僻处自说"，像是对的。孟子是邹人，离着蒙不甚远，梁、宋又是他到过的地方，他辟杨墨，没有辟到庄子。《尸子》曰："墨子贵兼，孔子贵公，皇子贵衷，田子贵均，列子贵虚，料子贵别囿。"没有提及庄子。《吕氏春秋》也有同类的论断，从老聃数到儿良，偏漏掉了庄子。似乎当时只有荀卿谈到庄子一次，此外绝没有注意到他的。

庄子果然毕生是寂寞，不但如此，死后还埋没了很长的时期。西汉人讲黄老而不讲老庄。东汉初班嗣有报桓谭借《庄子》的信札，博学的桓谭连《庄子》都没见过。注《老子》的邻氏、傅氏、徐氏、河上公、刘向、毋丘望之、严遵等都是西汉人；两汉竟没有注《庄子》的。庄子说他要"处乎材与不材之间"，他怕的是名，一心要逃名，果然他几乎要达到目的，永远湮没了。但是我们记得，韩康徒然要向卖药的生活中埋名，不晓得名早落在人间，并且恰巧要被一个寻常的女子当面给他说破。求名之难哪有逃名难呢？庄周也要逃名；暂时的名可算给他逃过了，可是暂时的沉寂毕竟只为那永久的赫烜作了张本。

一到魏、晋之间，庄子的声势忽然浩大起来，崔譔首先给他作注，跟着向秀、郭象、司马彪、李颐都注《庄子》。像魔术似的，庄子忽然占据了那全时代的身心，他们的生活、思想、文艺——整个文明的核心是庄子。他们说："三日不读老庄，则舌本间强。"尤其是《庄子》，竟是清谈家的灵感的泉源。从此以后，中国人的文化上永远留着庄子的烙印。他的书成了经典。他屡次荣膺帝王的尊封。（唐玄宗封为"南华真人"，宋徽宗封为"微妙玄通真君"。）至于历代文人学者对他的崇拜，更不用提。别的圣哲，我们也崇拜，但哪像对庄子那样倾倒、醉心、发狂？

二

庖丁对答文惠君说："臣之所好者道也，进乎技矣。"这句话的意义，若许人变通的解释一下，便恰好可以移作庄子本人的断语。庄子是一位哲学家，然而侵入了文学的圣域。庄子的哲学，不属本篇讨论的范围。我们单讲文学家庄子；如有涉及他的思想的地方，那是当作文学的核心看待的，对于思想本身，我们不加批评。

古来谈哲学以老、庄并称，谈文学以庄、屈并称。南华的文辞是千真万真的文学，人人都承认。可是《庄子》的文学价值还不只在文辞上。实在连他的哲学都不像寻常那一种矜严的、峻刻的、料峭的一味皱眉头，绞脑子的东西；他的思想的本身便是一首绝妙的诗。

一壁认定现实全是幻觉，是虚无，一壁以为那真正的虚无才是实有，庄子的议论，翻来覆去，不外这两个观点。那虚无，或称太极，或称涅槃，或称本体，庄子称之为"道"。他说：

夫道有情有信，无为无形，可传而不可受，可得而不可见，自本自根，未有天地，自古以固存，神鬼神帝，生天生地，在太极之先而不为高，在六极之下而不为深，先天地生而不为久，长于上古而不为老。狶韦氏得之以挈天地，伏戏氏得之以袭气母，维斗得之终古不忒，日月得之终古不息，堪坏得之以袭昆仑，冯夷得之以游大川，肩吾得之以处大山，黄帝得之以登云天，颛顼得之以处玄宫，禺强得之立乎北极，西王母得之坐乎少广，莫知其始，莫知其终，彭祖得之上及有虞，下及五伯，傅说得之以相武丁，奄有天下，乘东维，骑箕尾，而比于列星。

有大智慧的人们都会认识道的存在，信仰道的实有，却不像庄子那样热忱的爱慕它。在这里，庄子是从哲学又跨进了一步，到了文学的封域。他那婴儿哭着要捉月亮似的天真，那神秘的怅惘，圣睿的憧憬，无边无际的企慕，无涯岸的艳羡，便使他成为最真实的诗人。

然而现实究竟不容易抹杀，即使你说现实是幻觉，幻觉的存在也是一种存在。要调解这冲突，起码得承认现实是一种寄寓，或则像李白认定自己是"天上谪仙人"，现世的生活便成为他的流寓了。"万物生于有，有生于无"，庄子仿佛说：那"无"处便是我们真正的故乡。他苦的是不能忘情于他的故乡。"旧国旧都，望之怅然"，是人情之常。纵使故乡是在时间以前，空间以外的一个缥缈极了的"无何有之乡"，谁能不追忆，不怅望？何况羁旅中的生活又是那般龌龊、逼仄、孤凄、烦闷？

悲歌可以当泣，远望可以当归。

庄子的著述，与其说是哲学，毋宁说是客中思家的哀呼；他运用思想，与其说是寻求真理，毋宁说是眺望故乡，咀嚼旧梦。他说："卮言日出，和以天倪，因以曼衍，所以穷年。"一种客中百无聊赖的情绪完全流露了。他这思念故乡的病意，根本是一种浪漫的态度，诗的情趣。并且因为他钟情之处，"大有径庭，不近人情"，太超忽，太神秘，广大无边，几乎令人捉摸不住，所以浪漫的态度中又充满了不可逼视的庄严。是诗便少不了那一个哀艳的"情"字。《三百篇》是劳人思妇的情；屈、宋是仁人志士的情；庄子的情可难说了，只超人才载得住他那种神圣的客愁。所以庄子是开辟以来最古怪最伟大的一个情种；若讲庄子是诗人，还不仅是泛泛的一个诗人。

或许你要问:《庄子》的思致诚然是美,可是哪一种精深的思想不美呢？怎见得《庄子》便是文学？你说它的趣味分明是理智的冷艳多于情感的温馨,它的姿态也是瘦硬多于柔腻,那只算得思想的美,不是情绪的美。不错。不过你能为我指出思想与情绪的分界究竟在哪里吗？唐子西在惠州给各种酒取名字,温和的叫作"养生主",劲烈的叫作"齐物论"。他真是善于饮酒,又善于读《庄子》。《庄子》会使你陶醉,正因为那里边充满了和煦的、郁蒸的、焚灼的各种温度的情绪。向来一切伟大的文学和伟大的哲学是不分彼此的。你若看不出《庄子》的文学,只因他的神理太高,你骤然体验不到。

又恐琼楼玉宇,高处不胜寒。

是就下界的人们讲的,你若真是隶籍仙灵,何至有不胜寒的苦头？并且文学是要和哲学不分彼此,才庄严,才伟大。哲学的起点便是文学的核心。只有浅薄的、庸琐的、渺小的文学,才专门注意花叶的美茂,而忘掉了那最原始、最宝贵的类似哲学的仁子。无论《庄子》的花叶已经够美茂的了；即令他没有发展到花叶,只他那简单的几颗仁子,给投在文学的园地上,便是莫大的贡献,无量的功德。

三

讲到文辞，本是庄子的余事，但也就够人赞叹不尽的。讲究辞令的风气，我们知道，春秋时早已发育了；战国时纵横家以及孟轲、荀卿、韩非、李斯等人的文章也够好了，但充其量只算是辞令的极致，一种纯熟的工具，工具的本身难得有独立的价值。庄子可不然，到他手里，辞令正式蜕化成文学了。他的文字不仅是表现思想的工具，似乎也是一种目的。对于文学家庄子的认识，老早就有了定案。《天下》篇讨论其他诸子，只讲思想，谈到庄周，大半是评论文辞的话。

以谬悠之说，荒唐之言，无端崖之辞，时恣纵而傥（诸本作"不傥"，《释文》无"不"字，今据删），不以觭见之也。以天下为沉浊，不可与庄语，以卮言为曼衍，以重言为真，从寓言为广。……其书虽瑰玮，而连犿无伤也；其辞虽参差，而諔诡可观。……其理不竭，其来不蜕，芒乎昧乎，未之尽者。

这可见庄子的文学色彩，在当时已瞒不过《天下》篇作者的注意（假如《天下》篇是出于庄子自己的手笔，他简直以文学家自居了），至于后世的文人学者，每逢提到庄子，谁不一唱三叹的颂扬他的文辞？高似孙说他：

极天之荒，穷人之伪，放肆迤演，如长江、大河，滚滚灌注，泛滥乎天下；又如万籁怒号，澎湃汹涌，声沉影灭，不可控持。

赵秉忠把他和列子并论，说他们：

摛而为文，穷造化之姿态，极生灵之辽广，剖神圣之渺幽，探有无之隐赜，……

呜呼！天籁之鸣，风水之运，吾靡得覃其奇矣！

凌约言讲得简括而尤其有意致：

庄子如神仙下世，咳吐谑浪，皆成丹砂。

读《庄子》，本分不出哪是思想的美，哪是文字的美。那思想与文字，外型与本质的极端的调和，那种不可捉摸的浑圆的机体，便是文章家的极致；只那一点，便足注定庄子在文学中的地位。朱熹说庄子"是他见得方说到"，一句极平淡极敷泛的断语，严格地讲，古今有几个人当得起？其实在庄子，"见"与"说"之间并无因果的关系，那譬如一面花，一面字，原来只是一颗钱币。世界本无所谓真纯的思想，除了托身在文学里，思想别无存在的余地。同时，是一个字，便有它的含义，文字等于是思想的躯壳，然而说来又觉得矛盾，一拿单字连缀成文章，居然有了缺乏思想的文字，或文字表达不出的思想。比方我讲自然现象中有一种无光的火，或无火的光，你肯信吗？在人工的制作里确乎有那种文字与思想不碰头的偏枯的现象，不是词不达意，便是词浮于理。我们且不讲言情的文，或状物的文。言情状物要做到文辞与意义兼到，固然不容易，纯粹说理的文做到那地步尤其难，几乎不可能。也许正因那是近乎不可能的境地，有人便要把说理文根本排出文学的范围外，那真是和狐狸吃不着葡萄，说葡萄酸一样的可笑。要反驳那种谬论，最好拿《庄子》给他读。即使除了庄子，你抬不出第二位证人来，那也不妨。就算庄子造了一件灵异的奇迹，一件化工罢了——就算庄子是单身匹马给文学开拓了一块新领土，也无不可。读《庄子》的人，定知道那是多层的愉快。你正在惊异那思想的奇警，在那踌躇的当儿，忽然又发觉一件事，你问那精微奥妙的思想何以竟有那样凑巧的曲达圆妙的词句来表现它，你更惊异；再定神一看，又不知道哪是思想哪是文字了。也许什么也不是，而是经过化合作用的第三种东西，于是你尤其惊异。这应接不暇的惊异，便使你加倍的愉快，乐不可支。这境界，无论如何，在庄子以前，绝对找不到，以后，遇着的机会确实也不多。

四

如果你要的是纯粹的文学，在庄子那素净的说理文的背景上，也有着你看不完的花团锦簇的点缀——断素、零纨、珠光、剑气、鸟语、花香——诗、赋、传奇、小说，种种的原料，尽够你欣赏的、采撷的。这可以证明如果庄子高兴做一个通常所谓的文学家，他不是不能。

他是一个抒情的天才。宋祁、刘辰翁、杨慎等极欣赏的：

送君者皆自崖而返，君自此远矣！

果然是读了"令人萧寥有遗世之意"。《则阳》篇也有一段极有情致的文字：

旧国旧都，望之畅然，虽使丘陵草木之缗，入之者十九，犹之畅然，况见见闻闻者也？以十仞之台悬众间者也？

明人吴世尚曰："《易》之妙妙于象，《诗》之妙妙于情；《老》之妙得于《易》，《庄子》妙得于《诗》。"这里果然是一首妙绝的诗——外形同本质都是诗：

天其运乎？地其处乎？日月其争于所乎？孰主张是？孰维纲是？孰居无事推而行是？意者其有机缄而不得已邪？意者其运转而不能自止邪？云者为雨乎？雨者为云乎？孰隆施是？孰居无事淫乐而劝是？风起北方，一西一东，有上彷徨，孰嘘吸是？孰居无事而披拂是？

这比屈原的《天问》何如？欧阳修说："参差奇诡而近于物情，兴者比者俱不能得其仿佛也。"只讲对了作者的一种"不战不许持寸铁"的妙技，至于他那越世高谈的神理，后世除了李白，谁追上他的踪尘？李白仿这意思作了一首《日出入行》，我们也录来看看：

日出东方隈，似从地底来，历天又入海，六龙所舍安在哉？其始与终古不息，人非元气安得与之久徘徊！草不谢荣于春风，木不怨落于秋天。谁挥鞭策驱四运？万物兴歇皆自然。……

古来最善解《庄子》的莫如宋真宗。张端义《贵耳集》载着一件轶事，说他："宴近臣，语及《庄子》，忽命《秋水》，至则翠鬟绿衣，一小女童，诵《秋水》一篇。"这真是一种奇妙批评《庄子》的方法。清人程庭鹭说："向秀、郭象、应逊此女童全具《南华》神理。"所谓"神理"正指诗中那种最飘忽的，最高妙的抒情的趣味。

庄子又是一位写生的妙手。他的观察力往往胜过旁人百倍，正如刘辰翁所谓"不随人观物，故自有见"。他知道真人"凄然似秋，暖然似春"，或则"尸居而龙见，渊默而雷声"。他知道"生物之以息相吹"；他形容马"喜则交颈相靡，怒则分背相踶"；又看见"泽雉十步一啄，百步一饮"。他又知道"槐之生也，入季春五日而兔目，十日而鼠耳，更旬而始规，二旬而叶成"（万希槐辑《庄子逸文》引《御览》）。一部《庄子》中，这类的零星的珍玩，搜罗不尽。可是能刻画具型的物体，还不算一回事，风是一件不容易描写的东西，你看《齐物论》里有一段奇文：

夫大块噫气，其名为风，是唯无作，作则万窍怒号。而独不闻之翏翏乎？山林之畏佳，大木百围之窍穴，似鼻，似口，似耳，似枅，似圈，似臼，似洼者，似污者。激者，謞者，叱者，吸者，叫者，譹者，宎者，咬者。前者唱于而随者唱喁，泠风则小和，飘风则大和，厉风济，则众窍为虚，而独不见之调调之刁刁乎？

注意那写的是风的自身，不像著名的宋玉（？）《风赋》只写了风的表象。

五

讨论庄子的文学，真不好从哪里讲起，头绪太多了，最紧要的例如他的谐趣，他的想象；而想象中，又有怪诞的、幽渺的、新奇的、秾丽的各种方向，有所谓"建设的想象"，有幻想；就谐趣讲，也有幽默、诙谐、讽刺、谑弄等等类别。这些其实都用得着专篇的文字来讨论，现在我们只就他的寓言连带的谈谈。

寓言本也是从辞令演化来的，不过庄子用得最多，也最精；寓言成为一种文艺，是从庄子起的。我们试想《桃花源记》、《毛颖传》等作品对于中国文学的贡献，便明了庄子的贡献。往下再不必问了，你可以一直推到《西游记》、《儒林外史》等等，都可以说是庄子的赐予。《寓言》篇明讲"寓言十九"。一部庄子几乎全是寓言（近人胡远浚曰："庄子自别其言有寓重卮三者，其实重言皆卮言也，亦即寓言也。"案所见甚是），我们暂时无需举例。此刻亟待解决的，倒是何以庄子的寓言便是文学。讲到这里，我只提到前面提出的谐趣与想象两点，你便恍然了；因为你知道那两种质素在文艺作品中所占的位置，尤其在中国文学中，更是那样凤毛麟角似的珍贵。若不是充满了他那隽永的谐趣，奇肆的想象，庄子的寓言当然和晏子，孟子以及一般游士说客的寓言，没有区别。谐趣和想象打成一片，设想愈奇幻，趣味愈滑稽，结果便愈能发人深省——这才是庄子的寓言。

有国于蜗之左角者,曰触氏,有国于蜗之右角者曰蛮氏,时相与争地而战。伏尸数万,逐北,旬有五日而后反。

今之大冶铸金,金踊跃曰:"我必且为镆铘。"大冶必以为不祥之金,今一犯人之形,而曰:"人耳,人耳!"夫造化者,必以为不祥之人。

庄子的寓言竟有快变成唐、宋人的传奇的。他的"母题"固在故事所象征的意义,然而对于故事的本身——结构、描写、人格的分析,"氛围"的布置,……他未尝不感觉兴味。

儒以诗礼发冢,大儒胪传曰:"东方作矣,事之何若?"小儒曰:"未解裙襦,口中有珠,诗固有之,曰:青青之麦,生于陵陂,生不布施,死何含珠为!"接其鬓,压其颥,儒以金椎控其颐,徐别其颊,无伤口中珠。……(案此下疑有脱文)

以及叙庖丁解牛时的细密的描写,还有其他的许多例,都足见庄子那小说家的手腕,至于书中各种各色的人格的研究,尤其值得注意,藐姑射山的神人、支离疏、庖丁、庚桑楚,都是极生动、极有个性的人物。

支离疏者，颐隐于脐，肩高于顶，会撮指天，五管在上，两髀为胁；挫针治繲，足以糊口，鼓策播精，足以食十人。上征武士，则支离攘臂而游于其间；上有大役，则支离以有常疾不受功；上与病者粟，则受三钟与十束薪。

文中之支离疏，画中的达摩，是中国艺术里最特色的两个产品。正如达摩是画中有诗，文中也常有一种"清丑入图画，视之如古铜古玉"（语见龚自珍《书金伶》）的人物，都代表中国艺术中极高古、极纯粹的境界；而文学中这种境界的开创者，则推庄子。诚然《易经》的"载鬼一车"，《诗经》的"牂羊坟首"早已开创了一种荒怪丑恶的趣味，但没有庄子用得多而且精。这种以丑为美的兴趣，多到庄子那程度，或许近于病态；可是谁知道，文学不根本便犯着那嫌疑呢！并且庄子也有健全的时候。

藐姑射之山，有神人居焉，肌肤若冰雪，绰约若处子，不食五谷，吸风饮露，乘云气，御飞龙，而游乎四海之外，其神凝，使物不疵疠，而年谷熟。……之人也，物莫之伤，大浸稽天而不溺，大旱金石流，土山焦而不热。

讲健全有能超过这样的吗？单看"肌肤若冰雪"一句，我们现在对于最高超也是最健全的美的观念，何尝不也是二千年前庄子给定下的标准？其实我们所谓健全不是庄子的健全，我们讲的是形骸，他注重的是精神。叔山无趾"犹有尊足者存"（宣颖释曰："有尊于足者，不在形骸。"），王骀"且不知耳目之所宜，而游心于法之和，物视其所一，而不见其所丧，视丧其足，犹遗土也"。庄子自有他所谓的健全，似乎比我们的眼光更高一等。即令退一百步讲，认定精神不能离开形骸而单独存在；那么，你又应注意，庄子的病态中是带着几分诙谐的，因此可以称为病态，却不好算作堕落。

（原载《新月》第 2 卷第 9 期，1929 年 11 月 10 日）

1891—1962

胡适：杨朱

一、杨朱篇

《列子》的第七篇名为《杨朱》篇，所记的都是杨朱的言语行事。《列子》这部书是最不可信的。但是我看这一篇似乎还可信。其中虽有一些不可靠的话，大概是后人加入的（如杨朱见梁王谈天下事一段，年代未免太迟了，杨朱大概不及见梁称王），但这一篇的大体似乎可靠。第一，杨朱的"为我主义"是有旁证的（如孟子所说），此书说他的为我主义颇好。第二，书中论"名实"的几处，不是后世所讨论的问题，确是战国时的问题。第三，《列子》八篇之中只有这一篇专记一个人的言行。或者当时本有这样一种记杨朱言行的书，后来被编造《列子》的人糊涂拉入《列子》里面，凑成八篇之数。此如张仪说秦王的书（见《战国策》），如今竟成了《韩非子》的第一篇。——以上三种理由，虽不甚充足，但当时实有这一种极端的为我主义，这是我们所公认的。当时实有杨朱这个人，这也是我们所公认的，所以我们不妨暂且把《杨朱》篇来代表这一派学说。

二、杨朱

杨朱的年代颇多异说。有的说他上可以见老聃,有的说他下可以见梁王。据《孟子》所说,那时杨朱一派的学说已能和儒家、墨家三分中国,大概那时杨朱已死了。《杨朱》篇记墨子弟子禽子与杨朱问答,此节以哲学史的先后次序看来,似乎不甚错。大概杨朱的年代当在公元前 440 年与公元前 360 年之间。

杨朱的哲学,也是那个时势的产儿。当时的社会政治都是很纷乱的,战事连年不休,人民痛苦不堪。这种时代发生一种极端消极的哲学,是很自然的事。况且自老子以后,"自然主义"逐渐发达。老子一方面主张打破一切文物制度,归于无知无欲的自然状态;但老子一方面又说要"虚其心,实其腹","为腹不为目","甘其食,美其服"。可见老子所攻击的是高等的欲望,他并不反对初等的嗜欲。后来杨朱的学说便是这一种自然主义的天然趋势了。

三、无名主义

杨朱哲学的根本方法在于他的无名主义。他说:"实无名,名无实。名者,伪而已矣。"又说:"实者,固非名之所与也。"中国古代哲学史上,"名实"两字乃是一个极重要的问题。如今先解释这两个字的意义,再略说这个问题的历史。按《说文》"实,富也,从宀贯,贯为货物"。又:"寔,止也(段玉裁改作'正也',

非也），从宀，是声。"止字古通"此"字。《说文》："此，止也。"《诗经·召南》毛传与《韩奕》郑笺皆说："寔，是也。"又《春秋》桓六年："寔来。"《公羊传》曰："寔来者何？犹云是人来也。"《穀梁传》曰："寔来者，是来也。"寔字训止，训此，训是，训是人，即是白话的"这个"。古文实寔两字通用。《公孙龙子》说："天地与其所产焉，物也。物以物其所物而不过焉，实也。"名学上的"实"字，含有"寔"字"这个"的意思，和"实"字"充实"的意思。两义合起来说，"实"即是"这个物事"。天地万物每个都是一个"实"。每一个"实"的称谓便是那实的"名"。《公孙龙子》说："夫名，实谓也。"同类的实，可有同样的名。你是一个实，他是一个实，却同有"人"的名。如此看来，可以说实是个体的，特别的；名是代表实的共相的。［虽私名（本名）也是代表共相的。例如"梅兰芳"代表今日的梅兰芳和今年去年前年的梅兰芳。类名更不用说了。］有了代表共相的名，可以包举一切同名的事物。所以在人的知识上，名的用处极大。老子最先讨论名的用处，但老子主张"无知无欲"，故要人复归于"无名之朴"。孔子深知名的用处，故主张正名，以为若能正名，便可用全称的名，来整治个体的事物。儒家所注重的名器、礼仪、名分等等，都是正名的手续。墨子注重实用，故提出一个"实"字，攻击当时的君子"誉义之名而不察其实"。杨朱更趋于极端，他只承认个体的事物（实），不认全称的名。所以说："实无名，名无实。实者，伪而已矣。"伪是"人为的"。一切名都是人造的，没有实际的存在，故说"实无名，名无实"。这种学说，最近西洋的"唯名主义"（nominalism）。唯名主义以为"名"不过是人造的空名，没有实体，故唯名论其实即是无名论。无名论的应用有两种趋势：一是把一切名器礼文都看作人造的虚文。一是只认个人的重要，轻视人伦的关系，故趋于个人主义。

四、为我

杨朱的人生哲学只是一种极端的"为我主义"。杨朱在哲学史上占一个重要的位置，正因为他敢提出这个"为我"的观念，又能使这个观念有哲学的根据。他说：

> 有生之最灵者，人也。人者，爪牙不足以供守卫，肌肤不足以自捍御，趋走不足以逃利害，无毛羽以御寒暑，必将资物以为养，性任智而不恃力。故智之所贵，存我为贵；力之所贱，侵物为贱。

这是为我主义的根本观念。一切有生命之物，都有一个"存我的天性"。植物动物都同具此性，不单是人所独有。一切生物的进化：形体的变化，机能的发达，都由于生物要自己保存自己，故不得不变化，以求适合于所居的境地。人类知识发达，群众的观念也更发达，故能于"存我"观念之外，另有"存群"的观念；不但要保存自己，还要保存家族、社会、国家；能保存得家族、社会、国家，方才可使自己的生存格外稳固。后来成了习惯，社会往往极力提倡爱群主义，使个人崇拜团体的尊严，终身替团体尽力，从此遂把"存我"的观念看作不道德的观念。试看社会提倡"殉夫"、"殉君"、"殉社稷"等等风俗，推尊为道德的行为，便可见存我主义所以不见容的原因了。其实存我观念本是生物天然的趋向，本身并无什么不道德。杨朱即用这个观念作为他的"为我主义"的根据。他又恐怕人把存我观念看作损人利己的意思，故刚说："智之所贵，存我为贵。"忙接着说："力之所贱，侵物为贱。"他又说：

古之人损一毫利天下，不与也。悉天下奉一身，不取也。人人不损一毫，人人不利天下，天下治矣。

杨朱的为我主义，并不是损人利己。他一面贵"存我"，一面又贱"侵物"；一面说"损一毫利天下，不与也"，一面又说"悉天下奉一身，不取也"。他只要"人人不损一毫，人人不利天下"。这是杨朱的根本学说。

五、悲观

杨朱主张为我。凡是极端为我的人，没有一个不抱悲观的。你看杨朱说：

百年寿之大齐。得百年者，千无一焉。设有一者，孩抱以逮昏老，几居其半矣。夜眠之所弭，昼觉之所遗，又几居其半矣。痛疾、哀苦、亡失、忧惧，又几居其半矣。量十数年之中，逈然而自得，亡介焉之虑者，亦亡一时之中尔。则人之生也奚为哉？奚乐哉？为美厚尔，为声色尔。而美厚复不可常厌足，声色不可常玩闻，乃复为刑赏之所禁劝，名法之所进退。遑遑尔，竞一时之虚誉，规死后之余荣；偊偊尔，慎耳目之观听，惜身意之是非；徒失当年之至乐，不能自肆于一时。重囚累梏，何以异哉？

太古之人，知生之暂来，知死之暂往。故从心而动，不违自然所好；当身之娱，非所去也，故不为名所劝。从性而游，不逆万物所好，死后之名，非所取也，故不为刑所及。名誉先后，年命多少，非所量也。

又说：

万物所异者，生也。所同者，死也。生则贤愚贵贱，是所异也。死则臭腐消灭，是所同也……十年亦死，百年亦死；仁圣亦死，凶愚亦死。生则尧舜，死则腐骨；生则桀纣，死则腐骨。腐骨一也，孰知其异？且趣当生，奚遑死后？

大概这种厌世的悲观，也都是时势的反动。痛苦的时势，生命财产朝不保夕，自然会生出两种反动：一种是极端苦心孤行的救世家，像墨子、耶稣一流人；一种就是极端悲观的厌世家，像杨朱一流人了。

六、养生

上文所引"从心而动，不违自然所好；……从性而游，不逆万物所好"，已是杨朱养生论的大要。杨朱论养生，不要太贫，也不要太富。太贫了"损生"，太富了"累身"。

然则……其可焉在？曰：可在乐生，可在逸身。善乐生者不窭，善逸身者不殖。

又托为管夷吾说养生之道：

肆之而已，勿壅勿阏……恣耳之所欲听，恣目之所欲视，恣鼻之所欲向，恣口之所欲言，恣体之所欲安，恣意之所欲行。

又托为晏平仲说送死之道：

既死岂在我哉？焚之亦可，沉之亦可，瘗之亦可，露之亦可，衣薪而弃诸沟壑亦可，衮衣绣裳而纳诸石椁亦可，唯所遇焉。

杨朱所主张的只是"乐生"、"逸身"两件。他并不求长寿，也不求不死。

孟孙阳问杨子曰："有人于此，贵生爱身以蕲不死，可乎？"曰："理无不死。"

"以蕲久生，可乎？"曰："理无久生。……且久生奚为？五情所好恶，古犹今也；四体安危，古犹今也；世事苦乐，古犹今也；变易治乱，古犹今也。既闻之矣，既见之矣，既更之矣，百年犹厌其多，况久生之苦也乎？"

孟孙阳曰："若然，速亡愈于久生，则践锋刃，入汤火，得所志矣。"杨子曰："不然。既生则废而任之，究其所欲以俟于死。将死则废而任之，究其所之以放于尽。无不废，无不任，何遽迟速于其间乎？"

不求久生不死,也不求速死,只是"从心而动,任性而游"。这是杨朱的"自然主义"。

(原载胡适:《中国古代哲学史》,商务印书馆1930年版)

西南聯合大學

第四篇 兼爱非攻
墨家四讲

1937—1946

1937—1946

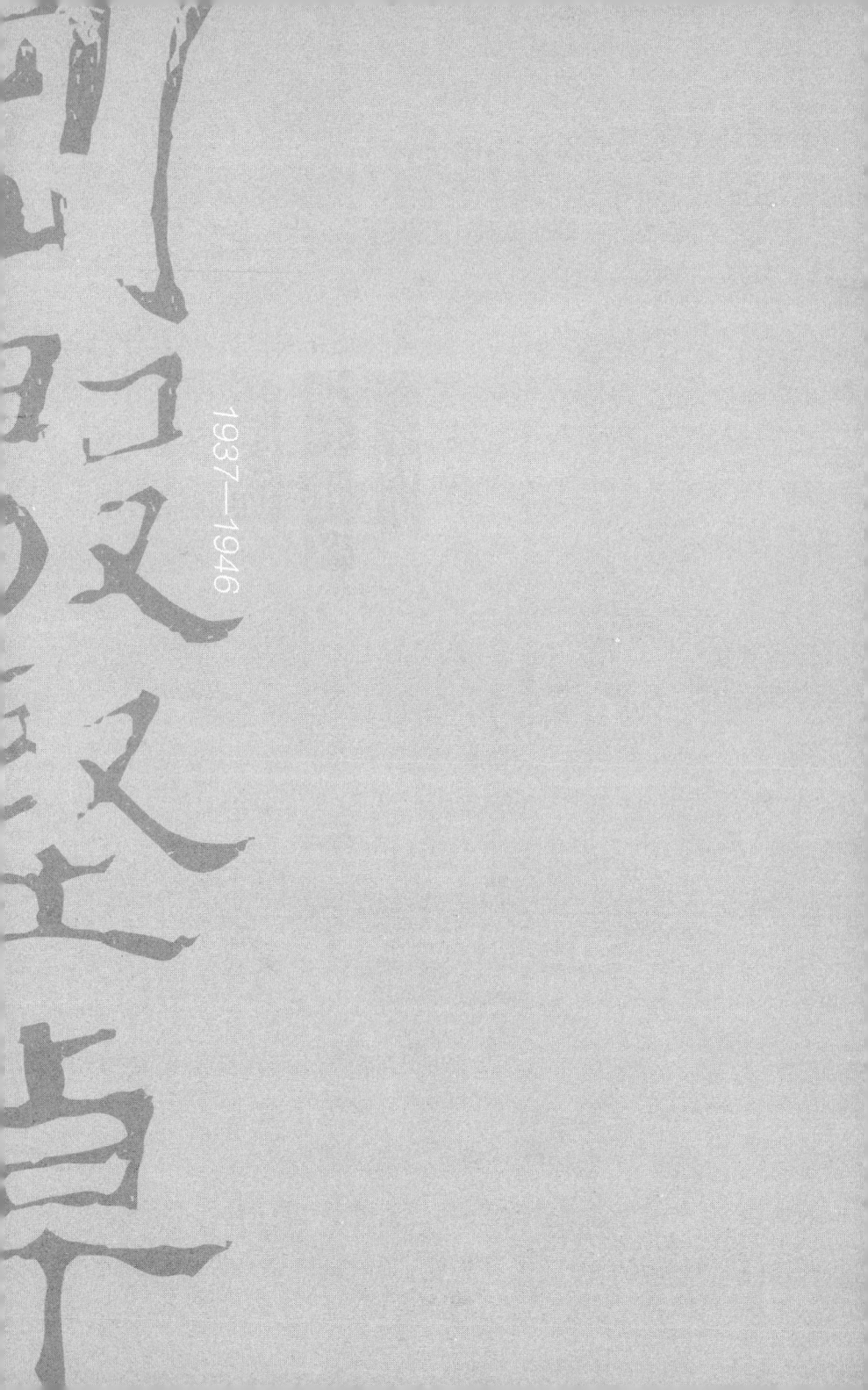

1905—1942

张荫麟：墨子与墨家

春秋时代最伟大的思想家是孔丘，战国时代最伟大的思想家是墨翟。孔子给春秋时代以光彩的结束，墨翟给战国时代以光彩的开端。

墨子和孔子同国籍。（但墨子一生似乎在宋的时候多。）墨子的降生约略和孔子的逝世衔接。在战国及汉初，孔、墨是两位常被并称的大师，同以德智的崇高和信徒的广众为一般学人所敬仰，虽然汉以后孔子被人捧上神坛，而墨子则被人忘记了。就学术和生活而论，孔、墨却是相反的两极。孔子是传统制度的拥护者，而墨子则是一种新社会秩序的追求者。孔子不辞养尊处优，而墨子则是恶衣粗食，胼手胝足的苦行者。孔子不讲军旅之事，而墨子则是以墨守著名的战士。孔子是深造的音乐家，而墨子则以音乐为应当禁绝的奢侈。孔子不谈天道，而墨子则把自己的理想托为"天志"；孔子要远鬼神，而墨子则相信鬼神统治着人世。孔子卑视手艺，对于请"学稼"、"学圃"（种园）的弟子樊迟曾有"小人哉"之讥；而墨子则是机械巧匠，传说他曾创制过一只能自飞的木鸢。

在世界史上，墨子首先拿理智的明灯向人世作彻底的探照，首先替人类的共同生活作合理的新规划。他发现当前的社会充满了矛盾、愚昧，和自讨的苦恼。他觉得诸夏的文明实在没有多少值得骄傲的地方。他觉得大部分所谓礼义，较之从前骇沐（**在越东，大约今浙江滨海一带**）国人把初生的长子肢解而食以求"宜弟"，及以新孀的祖母为接近不得的"鬼妻"而抛去不养等类习俗，实在是五十步之笑百步。看看诸夏的礼义是怎样的！为什么残杀一个人是死罪，另一方面，在侵略的战争中残杀成千成万的人却被奖赏，甚至受歌颂？为什么攘夺别人的珠玉以至鸡犬的叫作盗贼，而攘夺别人的城邑国家的却叫作元勋？为什么大多数的人民应当缩食节衣，甚至死于饥寒，以供统治者穷奢极欲的享乐？为什么一个人群统治权应当交给一家族世世掌握，不管他的子孙怎样愚蠢凶残？为什么一个贵人死了要把几十上百的活人杀了陪葬？为什么一条死尸的打发要弄到贵室匮乏，庶人倾家？为什么一个人死了，他的子孙得在三年内做到或装成"哀毁骨立"的样子，叫作守丧？总之一切道德礼俗，一切社会制度，应当为的是什么？说也奇怪，这个人人的切身问题，自从我国有了文字记录以来，经过至少一二千年的漫漫长夜，到了墨子才把他鲜明地、斩钉截铁地、强聒不舍地提出，墨子死后不久，这问题又埋葬在二千多年的漫漫长夜中，到最近才再被掘起！

墨子的答案是很简单的，一切道德礼俗，一切社会制度应当是为着"天下之大利"，而不是一小阶级，一国家的私利。什么是天下的大利呢？墨子以为这只是全天下人都能安生遂生，继续繁殖，更具体地说，都能足食足衣，结婚育子。目前全天下人都能做到这一步了吗？不能。那么，墨子以为我们首先要用全力去做到这一步。至于这一步做到后怎么办，墨子是没闲心去计及的。在做到这一步之前，任何人的享受，若超过遂生传种的最低限度需求，便是掠夺。"先天下之乐而乐"乃是罪恶。所以墨子和他的门徒实行极端的勤劳和节约。他们拿传说中沐雨栉风，为民治水，弄到腿上的毛都脱尽的大禹作榜样。他们的居室，茅茨不剪，木椽不斫；他们用土簋土碗，食藜藿的羹，和极粗的高粱饭；他们的衣服，夏用葛布，冬用鹿皮，结束得同囚犯一样。他们说，非如此够不上禹道，够不上做墨者。按照墨子所找出的一切社会制度的道德根据，好些旧日大家所默认的社会情形，其有无存在的理由，是不烦思索的。侵略的战争是违反"天下之大利"的，所以墨子提倡"非攻"；统治阶级的独乐是违反"天下之大利"的，所以墨子提倡"节用"；厚葬久丧是违反"天下之大利"的，所以墨子提倡桐棺三寸，"服丧三日"的礼制。王侯世袭和贵族世官世禄是违反"天下之大利"的，所以墨子设想一个合理的社会，在其中，大家选举全天下最贤的人做天子；天子又选些次贤的人做自己的辅佐；因为"天下……

博大，远国异土之民是非利害之辩不可一二而明知"，天子又将天下划分为万国，选各国中最贤的人做国君；国以下有"里"，里以下有"乡"；里长乡长各由国君选里中乡中最贤的人充任；乡长既然是乡中最贤的，那么全乡的人不独应当服从他的命令，并且得依着他的意志以为是非毁誉；等而上之，全天下人的是非毁誉都得依着天子的意志。如此则舆论和政令符合，整个社会像一副抹了油的机器，按着同一的方向活动。这便是墨子所谓"上同"。

"天下之大利"的反面是"天下之大害"。我们一方面要实现"天下之大利"，一方面要消除"天下之大害"。墨子以为天下的大害，莫如大国之侵略小国，大家族之欺凌小家族，强者智者之压迫弱者愚者，以及一切伦常间的失欢失德，总而言之，即人与人的冲突。墨子推寻人们冲突的根本原因乃在彼此不相爱。假如人人把全人类看成与自己一体，哪里还有争夺欺凌的事？所以墨子又提倡"兼爱"，那就是说，对世上一切人都一视同仁地爱，不因亲疏而分差等。

反对墨家的人说道：兼爱诚然是再好不过的，可惜只是空想，不能实行！墨子答道：天下最苦的事，哪里有超得过"赴汤蹈火"？然而赏罚和毁誉竟能使人甘之如饴。兼爱至少不是"赴汤蹈火"一般的苦事。反之，"爱人者人恒爱之"，所得的报酬真是"一本万利"的。假如有以身作则的统治者拿奖励战死的精神奖励兼爱，拿惩罚逃阵的精神惩罚不兼爱，而社会的毁誉又从而援应之，哪怕人民不"风行草偃"地趋向兼爱？所以"上同"是必要的。

在圣贤的统治之下，大众"兼相爱，交相利"；"有余力以相劳，有余财以相分"；"老而无妻子者有所待养以终其寿，幼弱孤童之无父母者有所放依以长其身"；整个社会里，没有贫富劳逸的不均，没有浪费和窘迫的对照，没有嫉妒、愁怨或争夺，这便是墨子的理想社会。

墨学在汉以后虽无嗣音，它的精华已为一部分儒家所摄取。所谓"大同"的观念即儒家讲政治所达到的最高境界，见于战国末年所作的《礼运》篇中者，实以墨家言为蓝本。《礼运》说："大道之行也，天下为公，选贤与能，讲信修睦。故人不独亲其亲，不独子其子，使老有所终，壮有所用，幼有所长，矜寡孤独废疾者皆有所养。男有分，女有归。货恶其弃于地也，不必藏于己；力恶其不出于身也，不必为己。是故谋闭而不兴，盗窃乱贼而不作，故外户而不闭，是谓大同。"我们试拿这段话和上述墨子的理想比较，便知道它们的符合绝不是偶然的。

墨子不独有建设一个新社会的理想并且在他的能力之内求它实现，他和他所领导的弟子三百余人便是他的理想的具体而微。

在战国的一切学派中，墨家是最特别的。法家诸流不过是些异时异地、各不相谋的人物，后世因为他们的方术相同，给以一个共名而已。儒者虽然有时聚集于一个大师之下，也不成为什么组织。唯墨家则是一个永久的，有组织的团体。它的作用兼有技术的传授和职业的合作。这是一个"武士的行会"，它的事业，表面上像是和墨子的主义极端相反的，乃是战斗！不过墨子固然反对侵略的战争，却绝不是一个无抵抗主义者。他知道要消灭侵略的战争只有靠比侵略者更强顽的抵抗。所以他和弟子们讲求守御的技术，制造守御的器械，"以备世之急"。他们受君相禄养，替他们守城。墨家以外，给君相"保镖"为业的"侠士行会"，同时当尚有之，墨家的特色乃在奉行着一套主义，只替人守，不替人攻。平常墨者参加守御的战事固然是受雇的。但有时他们也自动打抱不平。公元前445年左右，公输般替楚国造"云梯"成，将用来攻宋。墨子在鲁国闻讯，一面派弟子禽滑氂等三百余人带着守御器械在宋城上布防，一面步行十日十夜到鄢郢劝楚惠王罢兵，在惠王面前，墨子解带为城，以衣为械，和公输般表演攻守的技术，公输般攻城的机变出尽，而墨子守器有余，墨子又把禽滑氂等在宋的事实宣布，惠王只得罢兵。

像别的替君相保镖的游侠一般，墨者多半是从下层社会中来的。在同时的士大夫眼中墨子也只是一个"贱人"。这些"贱人"自然不会有儒家者流的绅士架子，他们的生活自然是朴陋的。它们的团体，像近世江湖的结帮一般，是"有饭大家吃，有钱大家化"

的。这团体的领袖叫作"巨子",是终身职,第一任巨子墨翟是大家拥护的,以后的巨子却大概是由前任指定。当墨家全盛时,这整个团体的意志统一在巨子之下。墨翟能使他的任何弟子"赴火蹈刃,死不旋踵"。这团体有特殊的法律,由巨子执行。现在仅得而知的,"墨者之法,杀人者死,伤人者刑",绝无宽纵。墨子所提倡的种种社会理想,大致是墨者团体内所实行的,也许是以前同类的团体所已实行的。墨子的贡献也许是把这种团体的实际生活类推到极端,扩充到全人类,并且给以理论的根据。

墨子的死年不可确考,但必在公元前381年吴起之死以前。是年楚肃王穷治杀害吴起的贵族,其中有一个阳城君,墨者巨子和徒弟一百八十余人为他守邑抗官军而死。这巨子已不是墨翟而是孟胜。这一百八十余人的死无疑是墨家的一大损失。但它的损失还有更大的。墨子死后不久,墨家裂成三派,各自以为是正宗,不相上下,甚至互相倾轧。而墨子以后,墨家并没有十分伟大的领袖继起,如像儒家之有孟子、荀子,这也是墨家衰微原因。

(原载陈润成、李欣荣编:《张荫麟全集》上册,清华大学出版社2013年版。标题为编者所加)

1891—1962

胡适:《墨翟及其学派的逻辑》导言

一

从孔子死（公元前479年）至公元前4世纪最后二十五年期间，在哲学文献方面给我们留存下来的可靠原始资料是很少的。固然，按传统的看法，大量的文献出于孔子的几个大弟子及其徒众之手，但是，恐怕没有一个受过严格校勘和"较高"考证训练的研究者敢于承认这种材料确属一般人所认定的那个时期。这个问题和我们在这里所要讨论的问题关系不大，因为不管这种资料是否确实，它对于理解这一时代的哲学方法的发展是帮助很少或者没有。如有例外的话，那就是子夏的弟子公羊和穀梁所治的《春秋》，以及孔子的弟子曾子的《大学》与《中庸》的评论，但连这些著作也是对中国古代逻辑史的贡献很少的。公羊和穀梁的评注只能用以阐明本书第二编已讨论过的孔子正名学说。《大学》与《中庸》是重要的，这并非因为它们本身有价值，而是因为它们于许多世纪后在为宋明理学提供一种或多种方法方面所起的作用。

这一时期的非孔学派给我们留传下来的资料也很少。《晏子春秋》和《列子》等著作肯定不能属于这个时期。《列子》第七篇大概包含有相当多可靠的杨朱学派的"伊壁鸠鲁"的伦理学。但这些著作对我们现在的目的都没有任何价值。

真正有价值的唯一著作是名为《墨子》的五十三篇论文集，即墨翟所讲授的学说，虽然它也免不了有后人的窜改。然而在我看来，这五十三篇中没有一篇是墨翟本人写的。这部书的大部分，第八—二十六篇和第二十八—三十篇，由许多记录组成，大概是前期墨家写下的关于墨翟的基本学说。第三十八、三十九和四十篇包括墨翟的日常言谈和轶事，这些篇章如果不是全部也至少大部分能被认为是前期墨家对墨翟言行的记录。第四十三—五十三篇论述加强防备和守城之法，大致上也可以如此看待。第三、四、五、六、七、二十七、三十一、四十一和四十二篇是后来根据墨翟的某些不完整的言论和轶事编纂而成的。在本书后面几章将作详细研究的第三十二—三十七篇，被看作后期或新墨家的著作。在第一、二篇中，除更似儒家（而非墨家）的陈腐道德说教外，便没有什么了。

对这本著名的文集，我们在这里不能作详细的校勘和严格的考证。在此，我们也不可能把下面各篇中有关类似新约《圣经》信条的问题作很多的考虑，即第八—十、十一—十三、十四—十六、十七—十九、二十三—二十五、二十八—三十各篇，这些篇章只是用词语变化、许多重叠和复述的三部曲形式写成。这个文集由于长期被与之敌对的儒家们所忽视，结果造成原文许多错误，在这里只说明这一点就够了。但是，近一百四十年来，振兴古代学说的广泛运动使这一著作又引起了学者们的注意，而且，自从1784年出版了有毕沅注的版本后，《墨子》这本书就得到许多训诂学家如张惠言、王念孙、王引之、俞樾和孙诒让等的有益的校勘和考证。孙诒让先生的1907年版著作，收集了所有前人以及自己的注解，至今仍然是最好的版本。

二

墨翟也许是在中国出现过的最伟大人物，但一直到20世纪还没有人为他写过传。伟大的历史学家司马迁在他的《史记》（普通译作 *Historical Records*）中，对墨子只有二十四个字的模糊记载。孙诒让在他的《墨子》的1907年版本中，根据当代证言、文献记载及在《墨子》中找到的内在证据，写了《墨子传略》（孙诒让：《墨子间诂》中《墨子后语上》）。孙先生认为，墨子大概生于定王统治时期（或者贞定王时，公元前468—前441年），死于安王末年（公元前401—前376年）。孙先生认为墨翟很可能是死于公元前381年以后，因为在《墨子》第一篇中提到著名的吴起将军死于那一年。

这些日期看来是有问题的。首先，孙先生据以建立其理论的第一、二十七和四十一篇很可能是后来编辑的或者包含了明显的窜改。此外，在《吕氏春秋》（第十九篇第三章）也提到吴起将军之死，其中有一件事与孙先生的理论直接相矛盾。在那里我们得知吴起死的那一年，墨家首领或"巨子"孟胜和他的弟子共一八五人死于他受任防守的城中。孟胜死前派遣两个弟子到另一墨者田襄子那里，并任命田襄子为墨家"巨子"。由此推论，在公元前381年以前，墨家学派已经成为一个有组织的、公认的团体，而且"传授承宗"（apostolic succession）的制度已在流行。所有这些，在这个学派的缔造者的生存期间是完成不了的。因此，合乎逻辑的结论是墨翟在公元前381年之前很久就已经死了。

此外，我们从《檀弓》（孙希旦：《礼记集解》第二册，《礼记·檀弓》篇）知道著名的匠师公输般曾参加季康子母亲的葬礼，公输般曾与墨翟相会就是足够的证明。我们知道，季康子是死在公元前468年，他的父亲是死于公元前492年（《春秋左氏传》，哀公三年和二十七年）。而他母亲很可能是死在这两个时期之间，大概是在公元前480年。这就意味着：公输般是具有相当的年龄才能应用他的新技巧于季康子母亲的墓地，因而他最少是在二十年前出世了，也就是公元前500年左右。他的同代人墨翟很可能也出生在这个时候。

因此，我们可以得出结论说，墨翟大概是活在公元前500—前420年这段时期里。他是鲁国人，也就是孔子的同国人，因而他与孔子学派是有接触的。孔子死后，孔子学派散布于七国。据一些资料记载，他确曾受业于孔子学派。

后来，墨翟不满于儒家热衷于把传统的习俗、礼仪和道德规范编制成一套规定各种人与人之间关系和人的行为举动的各方面的繁文缛节。他具有高度宗教气质，厌恶早期儒家崇敬祖先的古旧制度，并且对殡仪、葬礼追求奢侈浪费，但他们多半是无神论者和至多是不可知论者。（孔子自己就是个不可知论者。见《论语·先进》十一。）他也不能接受儒家的宿命论，这种理论宣扬"死生有命，富贵在天"（《论语·颜渊》五）。他尤其反对孔派的装腔作势，不考虑信念、理论和制度的实际后果。[墨翟对儒家的批评，见《墨子》第四十、三、四、六、七、九、十、十四、十五章。叫作《非儒》（儒，即儒家）的第三十一章是伪造的（此系胡适原注。其次序按《墨子》章次排列）。]

因此，他建立一个新学派，这是中国古代唯一的以创始人命名的学派，即"墨家"。因为在中国语言里，即使孔子学派也没有被称为"孔子学派"，而称为"儒"。作为一个思想体系，墨家与功利主义和实用主义又有很多共同之处。

然而，墨翟不仅是一个哲学家，也是宗教的创始人。的确，可以说他是唯一真正创立了一个宗教的中国人。因为道教决不是由老子创立的，儒家，作为一种宗教，也不是孔子建立的，但是墨家曾经是一个活跃的、信徒多的宗教。作为一个宗教，墨家教义否定宿命论，并认为个人的得救有赖于自己尽力行善。它相信灵魂和鬼的存在，它们对于人有赏贤而罚暴的智慧和力量。它以天志为基本信条，这就是"兼爱"。这种利人主义教义是对孔子厚亲而薄疏的爱的原则的否定。

墨家的最显著特色是禁欲主义，它的信徒过着简朴的生活，服粗衣，勤劳动，自制，非乐，节葬，慢哀。

作为以"兼爱"学说为基础的一种宗教，墨家谴责战争（非攻）。在许多资料中提到的下列故事充分地刻画了墨家的精神和墨家创始人的性格。楚国的国匠公输般刚刚发明了一种攻城用的云梯，楚王准备进攻宋国。墨翟听到后，他从本国徒步走了十日十夜，赶到楚国的都城，脸晒黑了，光着脚。他设法见到那位国匠并说服了他，使他认识到他的事业是不义的。之后，他又见到楚王，指出为了试验发明新的攻城器械而进行的侵略战争既不义，又不利，因而说服了楚王。那国匠对他说："吾未得见之时，我欲得宋。自我得见之后，予我宋而不义，我不为。"墨翟回答说："翟之未得见之时也，子欲得宋。自翟得见子之后，予子宋而不义，子弗为，是我予子宋也。子务为义，翟又将予子天下。"（《墨子·鲁问》篇）

也许对墨翟的赞誉最可靠的是来自批评他的人的评论。孟子曾经指责墨翟的说教是要使人过着禽兽的生活,他说:"墨子兼爱,摩顶放踵,利天下,为之。"(《孟子·尽心章句上》)另一个批评者庄子说:"其生也勤,其死也薄。其道大觳。使人忧,使人悲,其行难为也。……反天下之心,天下不堪,墨子虽独能任,奈天下何?……虽然,墨子真天下之好也!将求之不得也,虽枯槁不舍也。才士也夫!"(《庄子·天下》篇)

三

在几乎两个世纪中(公元前430—前230年),墨家似乎有大量的信徒。韩非(?—前233年)告诉我们:世之显学,儒(即孔子学派)、墨也(《韩非子·显学》篇)。由吕不韦(?—前235年)赞助而写成的《吕氏春秋》说,孔子和墨子从属弥众,弟子弥丰,充满天下(《吕氏春秋·当染》篇)。孙诒让在他撰写的《墨子间诂》中列出了那时各种书籍中所出现的墨者的名字。在这个名单中有墨翟的十五个弟子,第三代有墨家三派,第四代是一派,其他十三个墨家的系谱已无从查考了。[《墨子附录》(胡适原注:"第八册")中的附录三和附录六,后者是收集他们遗留下来的不完整的教义。]

韩非认为,自墨子之死也,有相里氏之墨,有相夫氏之墨,有邓陵氏之墨(《韩非子·显学》篇;《庄子·天下》篇)。墨家的发展似有两个不同方向，一方面，它建立了以"巨子"为首领的宗教组织（《庄子·天下》篇和《吕氏春秋·上德》篇）。巨子的遴选似乎是由其将死的前任指定。在墨家的宗教方面包括墨家的主要伦理学说，诸如兼相爱，交相利的思想，非命思想，相信鬼魂，节用节葬的禁欲主义，反对优秀艺术的非乐思想，反对黩武的非攻思想，等等。

在另一方面，出现了与它不同的科学的和逻辑的墨家，它被称为别墨（《庄子·天下》篇）。"别墨，以坚白同异之辩相訾，以觭偶不仵之辞相应。"庄子这段话始终未能得到正确的理解。我研究了《墨子》第三十二—三十七篇，使我了解到那就是别墨关于心理的和逻辑的学说。他们分析了人的认识过程，发现了人们对白和坚或硬的认识过程是不同的，我们对"坚白石"的认识与这两个过程都不相同。他们喜欢研究数和形。最重要的，他们是以同异原则为基础的一种高度发展的和科学的方法的创始人。他们发现了"合同异"法，而且对演绎和归纳具有相当时髦的概念。

如我们将要看到的，别墨是伟大的科学家、逻辑学家和哲学家。这个新学派的发展不可能发生在公元前4世纪中叶以前。我对墨家著作的研究使我得出这样的结论，即第三十二—三十七篇是属于这个新学派的。我这个意见有多种理由作依据。第一，这六篇的风格与《墨子》的主要部分不同。第二，在第三十七篇中出现过两次"墨者"这个词，而在这几篇中却没有提到墨翟。第三，它们完全没有超自然的甚至迷信的色彩，而这些在其创始人的伦理宗教的教义中是时常出现的。毫无疑问，这些作品是一个科学时代的产物。关于这几篇的情况，除了假定它们在墨翟死后还过了一段很长时间才写出来之外——大约一百年之久（公元前400—前300年）——对于这部著作所出现的内容和论述的不一致就无法作解释了。

第四，这几篇所讨论的问题以及它们提出问题、阐述问题的方式，是与公元前4世纪最后二十五年的名辩思潮完全一致的。的确，在《庄子》末篇提到惠施和跟随他的辩者的芝诺反论（Zeno's paradoxes）以及在《公孙龙子》的残简中所保存的公孙龙理论，除了借助于这六篇就不能得到正确理解。认为公孙龙或他当时的前辈是这几篇的作者不是不可能的，因为《公孙龙子》现在包含于一、二、四、五及六篇中的理论，都可以在这几篇中找到，有时在实质上相同，而且更为常见的是连措辞也完全相同。无论如何，把这六篇归属于惠施（他在梁惠王死时即公元前319年还活着）和公孙龙时代（公元前3世纪上半叶是他们活跃的时代）是不会错的。（1790年汪中在他的《墨子序》中持这个观点，此《序》没有发表。）

别墨作为科学研究和逻辑探讨的学派，大约活跃于公元前325—前250年期间。这是发展归纳和演绎方法的科学逻辑的唯一的中国思想学派。它还以心理学分析为根据提出了认识论。它继承了墨翟重实效的传统，发展了实验的方法。因为在我们上面提到的六篇中曾发现有用凹凸镜作实验的证据以及许多力学、光学公式。

可是，在公元前3世纪下半叶，这个学派的发展似乎已处于停滞状态。到了这个世纪末期，墨家各派都消失了，其消失得如此彻底，以致在公元前2世纪末期司马迁写他的伟大历史著作时，无法确定墨翟究竟是与孔子同时，还是在孔子之后（《史记》卷七十四《孟子荀卿列传》）。

墨家完全消失可能有几种原因。第一，它的兼爱和非攻的学说与时代的需要不适应。公元前3世纪是大战的世纪，而这种大战终于使所有"战国"为秦国所征服。因此，在《管子》（以公元前7世纪的大政治家管子命名而产生的这一著作，完全可能是公元3世纪的著作，其中还有更晚一些的增补）中，我们找到这样一个论述："寝兵之说胜，则险阻不守。兼爱之说胜，则士卒不战。"（见《诸子集成》本，《管子二十一》：《立政九败解》）和尼采（Nietzsche）一样诚实和坦率的韩非说过同样的话："故不相容之事，不两立也。斩敌者受赏，而高慈惠之行；拔城者受爵禄，而信兼爱之说；……举行如此，治强不可得也。"（《韩非子·五蠹》篇）

这个战争年代对于科学研究和哲学思考也是不利的。国家所重视的是经验丰富的政治家和军事天才。让我们再引用韩非的话："所利非所用，所用非所利。是故服事者简其业，而游学者日众，是世之所以乱也。……所谓智者，微妙之言也。微妙之言，上智之所难知也。……故糟糠不饱者不务粱肉，短褐不完者不待文绣。……今所治之政，民间之事，夫妇所明知者不用，而慕上知之论，则其于治反矣。故微妙之言，非民务也。"(《韩非子·五蠹》篇)

因此，墨家据以建立的功利主义基础却身受其害，并因而衰落。在秦朝，墨家和儒家一起遭受迫害。它的书与儒家的著作都一起被焚毁。汉朝（公元前206—公元220年）建立之后不久，儒家很快复兴了。但墨家却受到儒家和法家一起的攻击，因而无法复兴。

（原载《胡适全集》第5卷，安徽教育出版社2003年版）

钱穆：辩者和别墨

1895—1990

惠施、宋钘，都竭力想把墨学的理论改造得圆满，结果，思想是益发精妙了，那初期墨学的一种苦行劳作的真精神，却终于无法维持而衰歇了。尤其是惠施，他在政治界上的地位，和他妙辩无碍的口才，招惹到人们热烈的兴趣，此后遂有"辩者"和"别墨"的发生。

《庄子·天下》篇上说：

惠施以此（指上文历物之意）为大，观于天下，而晓辩者；天下之辩者相与乐之。

可见当时妙辩的风气，是惠施开的端。又说：

辩者以此与惠施相应，终身无穷。桓团、公孙龙辩者之徒，饰人之心，易人之意，能胜人之口，不能服人之心，辩者之囿也。

原来"辩者"源于惠施，惠施之辩源于墨义。墨子创教，在其自身便充满着一种极深刻的矛盾性。到后来,惠施和那一辈"辩者",从墨家的"苦行"中解放出来,专在"兼爱主义"的理论上着力,却不期仍逃不出那矛盾性的范围,到底还是"胜人之口,不能服人之心",不又是一个极显著的矛盾吗?初期墨学的"苦行劳作",果然是"反天下之心,天下不堪",便是那"辩者"之辩,在兼爱哲学上的发挥,也只是"饰人之心,易人之意"的不合人情。这一点真可说是墨家始终不渝的特性。

那后起"辩者"中间最著名的自然是公孙龙。公孙龙辩论中间最著名的便是"白马非马"。那"白马非马"一个问题便是一种矛盾性的象征。原来"白马非马"本源也从"兼爱论"来。《公孙龙子》的《迹府》篇上说:

楚王……丧其弓,左右请求之。王曰:"止。楚人遗弓,楚人得之,又何求乎?"仲尼闻之曰:"楚王仁义而未遂也,亦曰人亡弓人得之而已,何必楚?"若此,仲尼异楚人于所谓人。夫是仲尼异楚人于所谓人,而非龙异白马于所谓马,悖。

可见"白马非马"的问题,便是一个"异楚人于所谓人"的问题。有白马不能便说有马,专爱楚人也不能便说爱人,从此一拐,便到"兼爱"的路上。《墨经》上有一条说:"仁,体爱也。""兼"是全体,"体"是部分,在《墨经》里是如此分别的。这是说"仁"

只是部分的爱,与"兼爱"的爱不同。儒家讲"仁",墨家讲"兼爱",儒家主从部分推及他体,墨家以为全体的爱和部分的爱性质上根本不同,不能推类相及的。"爱无差等"这一句话,墨者夷之也早和孟子说及了。公孙龙"白马非马"的问题,本来是墨家兼爱主义的新哲学上一个重要的剖辨,偶然拈到一个譬喻,说爱楚人不能就说是爱人,好比有白马不能就说有马。这是何等平常的一句话?可是兼爱的灵魂早已失去了,初期墨学那种感人心动惹人血沸的热忱,早已死灭了。要从理论上来讲兼爱,人家早就无兴趣来理会你,你勉强的拾到一个动听的譬喻来引起人们的注意,厌倦无聊的人们便把这一个问题来和你纠缠。他们不愿意和你辩"兼爱"和"体爱",他们却高兴同你讨论白马究竟是不是一只马。善辩的公孙龙,便从这问题上辩开去,居然轰动一时,成就他一辈子"辩者"的徽号,可是兼爱的哲理永久搁在脑后了。据我看来,"辩者"和墨学的关系,便是这样的。

有白马不能就说是有马,好比爱楚人不能就说是爱人。换句话说,没有一只白马,不一定就是没有马,譬如不爱一个具有特殊性质的人,也不一定便是不爱人。这也是兼爱论上一个重要的剖辨。这在《墨子》的《小取》篇也明白说过:

获之亲,人也,获事其亲,非事人也。其弟,美人也,爱弟,非爱美人也。车,木也,乘车,非乘木也。船,木也,入船,非乘木也。盗人，人也，多盗非多人也，无盗非无人也。奚以明之？恶多盗，非恶多人也。欲无盗，非欲无人也。世相与共是之。若若是，则虽盗人人也，爱盗非爱人也，不爱盗非不爱人也，杀盗非杀人也，无难矣。

墨家讲兼爱，厌倦无聊的人们，不免要起诘问，说："你们讲兼爱，盗贼也爱吗？你们也要杀盗贼，哪见是兼爱呢？"墨家答道："盗人人也，不爱盗非不爱人也，杀盗非杀人也。"这一个辩论，比较还像是严正的，但是羼加了一些譬喻，说：

狗，犬也，而杀狗非杀犬也，可。(《墨经》下）

便近似诡辩了。惠施、宋钘又恰巧是爱用譬喻的人。相传惠施有一段极有趣的故事，在《说苑》的《善说》篇上说：

客谓梁王曰："惠子言事善譬，王使无譬，则不能言矣。"王曰："诺。"明日，谓惠子曰："愿先生言事，直言无譬也。"惠子曰："今有不知弹者，曰：弹之状何若？曰：弹之状如弹。喻乎？"曰："未喻也。"曰："弹之状如弓，而以竹为弦，则知乎？"王曰："知矣。"惠子曰："夫说者，固以其所知喻所不知，而使人知之。今王曰无譬，则不可矣。"王曰："善。"

可见惠施是一个爱用譬喻的人。荀子批评宋钘，也说他：

率其群徒，辨其谈说，明其譬称。(《荀子·正论》)

可见宋钘也是一个爱用譬喻的人。墨家本来带有一种平民化的精神，他们的理论都是极通俗的。到惠施、宋钘手里，才有新哲学的创建，但也不忘了初期墨学一种通俗化的意味。他们都爱用一般平民社会尽人所知的譬喻，来讲他们高深的哲理。后人误会了，说惠施是诡辩派，宋钘是小说家，真是无可奈何的事！

至于那辈当时见称为"辩者"的中间，像公孙龙，他和燕昭王、赵惠王都曾讨论过"偃兵"的问题，可见他确是一个宣传墨义的人。其他自然也难免有逐末忘本，"诱其名，眩其辞而无深于其志义"（语见《荀子·正名》篇）的，但是他们渊源于墨徒，他们的论题，莫非从兼爱主义的新哲学上栽根，至少他们可说是墨徒的末流。

"别墨"和"辩者"的关系又是怎样的呢？《庄子·天下》篇上说：

相里勤之弟子，五侯之徒，南方之墨者，苦获、已齿、邓陵子之属，俱诵《墨经》，而倍谲不同，相谓"别墨"。以坚白同异之辩相訾，以奇偶不仵之辞相应，以巨子为圣人，皆愿为之尸，冀得为其后世，至今不决。

这是"别墨"一名的出处。胡氏《中国哲学史大纲》第八篇讨论到这一节,他说:

《墨经》不是《经》上下、《经说》上下、《大取》《小取》这六篇,乃是墨教的经典,如《兼爱》《非攻》之类。后来有些墨者虽都诵《墨经》,虽都奉墨教,却大有倍谲不同之处,这些倍谲不同之处都由于墨家的后人,于宗教的墨学之外,另分出一派科学的墨学。这一派科学的墨家所研究讨论的,有坚白同异觭偶不仵等等问题。这一派的墨学与宗教的墨学自然倍谲不同了。于是他们自己相称为"别墨"。(原注:"别墨"犹言"新墨",柏拉图之后有"新柏拉图派"。近世有"新康德派",有"新黑格尔派"。)"别墨"即是那派科学的墨学。他们所讨论的坚白之辩同异之辩,和觭偶不仵之辞,如今的《经》上下、《经说》上下、《大取》《小取》六篇,很有许多关于这些问题的学说。所以我以为这六篇是这些"别墨"的书。

后来梁氏在《墨经校释》里对于胡氏这层见解加以批驳,他主张《墨经》即《经》上下、《经说》上下诸篇,他说:

明明有《经》两篇,必指为非经,而别求经于他处,甚无谓也。

这确是胡氏的错处。而且那时的所谓"经",并没有像后世所谓"经典"之意。"因传而有经之名,犹之因子而立父之号",章实斋早已说过。(《文史通义·经解》上)《墨经》只是因其有《说》而名,哪能作墨教的经典解呢?梁氏又说:

《庄子·天下》篇谓其同出于《墨经》而倍谲不同,互相诮以"别墨","别墨"者言非墨家之正统也。胡氏读"相谓"为"自谓",大非宜。

这也是胡氏错了。《庄子》说的倍谲不同是"别墨"中间自己的不同,并不是"别墨"和初期墨学的不同,哪能说是科学派墨学和宗教派墨学的倍谲不同呢?我们现在可以断定的是:

(一)墨家的分裂,互以"别墨"相诮,在《墨经》行世之后。

(二)《墨经》并非墨翟或墨学初期的产品,他是代表着墨家后起的新哲学的。

"别墨"和《墨经》的关系,算是解决了,惠施、公孙龙是不是"别墨"呢?梁氏说:

施、龙辈确为"别墨",其学说确从《墨经》衍出,无可疑也。然断不能谓《墨经》为施、龙辈所作。

我看这几句话，都有些靠不住。"别墨"一个称号的来源，据《庄子》说是有两点：

（一）俱诵《墨经》而倍谲不同。

（二）以巨子为圣人，皆愿为之尸，冀得为其后世。

因为各争巨子的正统，而所持的理论不同，所以相争不决，互诮以"别墨"。这正如汉代儒生或治《公羊春秋》或治《穀梁春秋》而争立博士是一样的。他们所持理论的依据，只在《墨经》里面，而《墨经》的产生，决不能在惠施以前。因为惠施是首启妙辩之风的人（**论据详前**），至多只能说《墨经》里的问题，多受了惠施的影响，不能说惠施是剿袭或根据了《墨经》里的问题来和人家辩难。或者竟说现在的《墨经》有一部分还是惠施的作品，也未见不可。那么后来的墨徒根据了《墨经》，自分派别，互诮以"别墨"，哪能把《墨经》思想所由来的惠施，也倒拖着拉入"别墨"的队伍里去呢？至于公孙龙，那是当时所谓"辩者"之徒的一人，闻惠施之风而起，辈分在惠施之后，或者那时已有《墨经》，也未可知，他或者已经根据了《墨经》里的问题来和别人辩难而相诮以"别墨"，也未可知。但是也还有可疑之点。一则《庄子》上明说过"别墨"是相里勤之弟子五侯之徒，和南方之墨苦获、已齿、邓陵子之属，公孙龙赵人，决不是南方之墨，又没有证据说他是五侯之徒，他和桓团诸人，当时目为"辩者"，却不称他是"别墨"。而且"别墨"之称，是在争巨子的正统上起的，惠施、公孙龙都在政治界活动，他们并不像要来争墨家巨子的衣钵。巨子是墨家内部一脉相承很有系统的传授，我疑心当时那辈正统派的墨徒，有心争巨子的传统的，他们虽然也采取了兼爱主义里的新兴思想和一辈"辩者"间盛行的问题，来装缀他们的门面，表示他们的时髦，他们一定有许多地方不能绝然脱离初期墨学的一点气象，但是在惠施、公孙龙身上，似乎找不出一些痕迹来，所以我疑心即使在公孙龙时代，已有所谓"别墨"，而公孙龙却不一定是别墨里边的一个。这正如西汉后来的儒者，尽多有超然在博士和博士弟子以外的，也尽多有超然在家派师法的传统以外的一样。而况在公孙龙时代别墨已否兴起，还可成为问题呢？照上面讲来，与其说公孙龙是别墨，还不如说他不是别墨的较为稳妥。胡氏说："《墨经》是施、龙时代的产品"，这是不错的，他因为认定施、龙自身便是"别墨"，所以说"《墨辩》即别墨所作"；而谓"《墨经》不是《墨辩》"，这是大错了。梁氏把"别墨"和《墨经》分析着讲，这是不错的，因为他也误认施、龙是别墨，所以他说"《墨经》绝非施、龙时代的产品，尚应在施、龙之前"；于是遂定为墨翟所手著，这又是大错了。他们俩共同的错误，只在认施、龙即是"别墨"。他们俩理想中的别墨兴起时代，似乎都太早了些。

（原载钱穆：《墨子惠施公孙龙》，九州出版社2011年版）

1916—2009

任继愈：墨学的历史地位

墨子是公元前 5 世纪末中国具有独创精神的伟大思想家。他对劳动者有着深切的关怀，对那些不顾人民死活、穷奢极欲的王公大人的腐朽享乐生活提出了严正的抗议。他对于破坏生产、残杀百姓、掠夺民财的兼并战争深恶痛绝，并提出了兼爱、非攻的主张。他一生为改善小生产者和劳动者的物质生活、提高他们的社会政治地位而斗争。他提出极有价值的认识论和思想方法。他还创立了艰苦力行、求真理、爱和平、有组织、有纪律的学派。在墨子的影响下，形成了后期墨家。后期墨家进一步发展了墨子哲学的精粹，完善了中国古代的逻辑科学，并且在自然科学领域取得了一些突出成果，代表了那个时代最高的科学认识水平，成为鼎盛于战国中后期影响最大的学派之一。特别是有关科学技术方面的成果闪耀着其他学派难以企及的光彩。

墨学今天之所以应该给予足够的重视，主要因为它反映了春秋战国时代开始觉醒的小生产者的要求和愿望，以及他们的局限。但是历史的发展表明小生产者这一阶层不是新的生产关系的体现者，他们没有条件取代世袭贵族走上政治舞台。墨子和他的学派的命运，也和他们所代表的阶层的命运一样，在当时和后世不得不陷于悲剧性的结局。

在先秦，墨学属于显学。墨子在社会上有很好的形象。《淮南子·道应训》篇说："孔丘、墨翟，无地而为君，无官而为长，天下丈夫女子，莫不延颈举踵而愿安利之者。"《吕氏春秋·不侵》篇说："孔、墨，布衣之士也。万乘之主，千乘之君不能与之争士也。"这种评价，反映了当时墨学的显赫地位。

在秦汉之前，儒墨并称显学。秦汉之前对于墨子学派的评价大体上有三种看法：

第一种持客观中立的态度，对于儒墨两家不加褒贬。比如说：

孔子无黔突，墨子无暖席。(《淮南子·修务训》)

孔子弟子七十，养徒三千人，皆入孝出悌，言为文章，行为仪表，教之所成也。墨子服役者百八十人，皆可使赴火蹈刃，死不还踵，化之所致也。(《淮南子·泰族训》)

第二种看法也是儒墨并论，但对双方都不赞成。这一观点可以韩非子、庄子为代表：

《韩非子·显学》篇说："世之显学，儒、墨也。儒之所至，孔丘也；墨之所至，墨翟也……墨者之葬也……世主以为俭而礼之。儒者破家而葬……世主以为孝而礼之。夫是墨子之俭，将非孔子之侈也？是孔子之孝，将非墨子之戾也？"实际上，韩非对儒墨都不赞赏，他另有主张。

《庄子·齐物论》说："……故有儒墨之是非，以是其所非，而非其所是。"实际上，认为墨家、儒家都不能作为是非标准，庄子又有庄子的是非。

第三种看法是对墨子采取坚决攻击的态度，其中影响最大的当推孟子与荀子。《孟子·滕文公下》说："圣王不作，诸侯放恣，处士横议，杨朱、墨翟之言盈天下。天下之言不归杨，则归墨。杨氏为我，是无君也；墨氏兼爱，是无父也。无父无君，是禽兽也。""杨墨之道不息，孔子之道不著，是邪说诬民，充塞仁义也。"孟子的批判带有学派成见，很难服人。

荀子的批评说理的成分多些，他在《非十二子》中说："不知一天下，建国家之权称，上功用，大俭约而慢差等，曾不足以容辨异，县君臣，然而其持之有故，其言之成理，足以欺惑愚众，是墨翟、宋钘也。"荀子认为，墨子虽能持之有故，言之成理，但墨子的理论是错误的，只能淆乱社会，欺惑群众。

值得注意的是，上述意见都未涉及科学问题。这一现象既说明当时的人们对于科学知识不重视，没有认识到科学的价值，同时也表明了墨子对科技的造诣,遥遥领先。

近代英国人李约瑟认为:"墨家思想所遵循的路线如果继续发展下去,可能已经产生欧几里得的几何体系了。由于《墨经》只有凌乱而残缺的版本流传下来,我们确实不能肯定地说他从来未超出这个范围。但是,即使他们未曾超出这个范围,他们的演绎几何学也始终只是一特殊学派的秘密,几乎没有或者完全没有影响到中国数学的主流。"这种情况实是中国科学史的不幸。

墨家学派在先秦势力极大,与儒家并峙,汉以后,即趋于消沉,几乎从思想界消失。为了说明这一重大变化,必须考察其社会原因。

秦汉以后,两千多年间,中国是一个中央集权、高度统一的大国。在高度集权的中央政府的统治下,消弭了春秋战国时期的列国纷争,墨子兼爱、非攻的主张已失去宣传对象。墨子主张尚贤,反对贵族世袭特权,汉以后建立了官吏选拔制度,不再有世袭贵族的地方政权;墨子主张尚同,集中统一的愿望已经实现。

春秋战国时期,手工业者自由活动的余地较大,在列国纷争中,他们为了自己的利益,极力宣传、推行墨家学说(**如许行,由楚国转到齐国**),墨家学派的一些人得以在楚、秦、宋等国家受聘用。秦汉全国统一以后,手工业者生活在大一统国家,国君只有一个,地方政府无权制定政策。在中央,秦代是法家思想占主导地位,在汉代,特别是汉武帝时董仲舒提出"罢黜百家,独尊儒术"以后,儒家思想定于一尊。墨家无法独树一帜，逐渐失去活动的空间。

秦汉完成全国统一以后，社会的主要矛盾是政治上的高度集中和经济上的极端分散。如何协调好这一对矛盾，使封建社会的政治、经济得到平衡发展，成为秦汉以后中国思想界所要考虑解决的主要问题。儒家思想代表中央集权的要求；而小农思想反映在道家身上，他们主张政府对农民少干涉，给小生产者以较多的自由。比起战国时期，秦汉以后手工业者没有显著的发展，大规模的手工业生产集中在采矿、冶炼、纺织、陶瓷以及茶盐等业，这些行业大都受到国家的直接管制，由政府统一经营。集中生产的产业，政府尽量使用奴隶、罪犯劳动，他们不是自由手工业者，只有劳动的义务，没有政治发言权。农民小私有者的发言权寄托在道家。儒、道两家都有广泛的社会基础，墨家不具备儒、道两家的条件，全国统一以后，墨家势力趋于衰落，是可以理解的。

秦汉以后，墨学不再是显学，但墨学的影响一直流传着，并未消失，它成为一种在野的、流行于社会下层的思潮。秦汉以后，社会上不断出现"游侠"、"任侠"一流人物，他们提倡扶弱济贫，见义勇为，吃苦耐劳，重信义，集体中成员之间友爱互助，这类思想和价值观一直受到人民的称赞。这类民间团体历代未曾中断，显然与墨家有较深的渊源。这种民族性格特点，北方人特别是山东（鲁）人表现得更突出一些。

我们正在建设中华民族的新文化，创造现代文明，要有气魄继承人类一切优秀文化。墨学重视科学、提倡亲自动手操作、不尚空谈、以实力反抗强权的欺凌以及集体互助的精神等，都为先秦时期其他学派所不及，是很可宝贵的精神财富，值得发扬光大。

（原载任继愈:《墨子与墨家》，商务印书馆1998年版）

学大合

第五篇 以法治国
法家二讲

1937—1946

1937—1946

1891—1962

胡适：所谓"法家"

一、论"法家"之名

古代本没有什么"法家"。慎到属于老子、杨朱、庄子一系；尹文的人生哲学近于墨家，他的名学纯粹是儒家。又当知道孔子的正名论，老子的天道论，墨家的法的观念，都是中国法理学的基本观念。故我以为中国古代只有法理学，只有法治的学说，并无所谓"法家"。中国法理学当公元前3世纪时，最为发达，故有许多人附会古代有名的政治家如管仲、商鞅、申不害之流，造出许多讲法治的书。后人没有历史眼光，遂把一切讲法治的书统称为"法家"，其实是错的。但法家之名，沿用已久了，故现在也用此名。但本章所讲，注重中国古代法理学说，并不限于《汉书·艺文志》所谓"法家"。

二、所谓"法家"的人物及其书

（一）管仲与《管子》。管仲在老子、孔子之前。他的书大概是公元前3世纪的人假造的，其后又被人加入许多不相干的材料。但此书有许多议论可作公元前3世纪史料的参考。

（二）申不害与《申子》。申不害曾作韩昭侯的国相。昭侯在位当公元前358至前333年。大概申不害在当时是一个大政治家。(《韩非子》屡称申子。《荀子·解蔽》篇也说："申子蔽于势而不知智。由势谓之，道尽便矣。")《韩非子·定法》篇说："申不害言术而公孙鞅为法。"又说："韩者，晋之别国也。晋之故法未息，而韩之新法又生；先君之令未收，而后君之令又下。申不害不擅其法，不一其宪令。……故托万乘之劲韩，七十年（顾千里校疑当作17年），而不至于霸王者，虽用术于上，法不勤饰于官之患也。"依此看来，申不害虽是一个有手段（所谓术也）的政治家，却不是主张法治主义的人。今《申子》书已不传了。诸书所引佚文，有"圣君任法而不任智，任数而不任说，……置法而不变"等语，似乎不是申不害的原著。

（三）商鞅与《商君书》。卫人公孙鞅于公元前361年入秦，见孝公，劝他变法。孝公用他的话，定变法之令，"设告相坐而责其实，连什伍而同其罪。(《史记》云："令民为什伍而相收司连坐。不告奸者腰斩，告奸者与斩敌同赏，匿奸者与降敌同罚。"与此互相印证。)赏厚而信，刑重而必"(《韩非子·定法》篇)。公孙鞅的政策只是用赏罚来提倡实业，提倡武力。(《史记》所谓"变法修刑，内务耕稼，外劝战死之赏罚"是也。)这种政策功效极大，秦国渐渐富强，立下后来吞并六国的基础。公孙鞅后封列侯，号商君，但他变法时结怨甚多，故孝公一死，商君遂遭车裂之刑而死（公元前338年）。商君是一个大政治家，主张用严刑重赏来治国。故他立法："斩一首者爵一级，欲为官者为五十石之官；斩二首者爵二级，欲为官者为百石之官。"（《韩非子·定法》篇）又"步过六尺者有罚，弃灰于道者被刑"（新序）。这不过是注重刑赏的政策，与法理学没有关系。今世所传《商君书》二十四篇（《汉书》作二十九篇），乃是商君死后的人所假造的书。如《徕民》篇说："自魏襄以来，三晋之所亡于秦者，不可胜数也。"魏襄王死在公元前296年，商君已死四十二年，如何能知他的谥法呢？《徕民》篇又称"长平之胜"，此事在公元前260年，商君已死七十八年了。书中又屡称秦王。秦称王在商君死后十余年。此皆可证《商君书》是假书。商君是一个实行的政治家，没有法理学的书。

以上三种都是假书，况且这三个人都不配称为"法家"。这一流的人物——管仲、子产、申不害、商君——都是实行的政治家，不是法理学家，故不该称为"法家"。但申不害与商君同时，皆当公元前4世纪的中叶。他们的政策，都很有成效，故发生一种思想上的影响。有了他们那种用刑罚的政治，方才有学理的"法家"。正如先有农业，方才有农学；先有文法，方才有文法学；先有种种美术品，方才有美学。这是一定的道理。如今且说那些学理的"法家"和他们的书：

（四）慎到与《慎子》。

（五）尹文与《尹文子》。（《汉书·艺文志》尹文在"名家"是错的。）

（六）尸佼与《尸子》。尸佼，楚人。（据《史记·孟子荀卿列传》及《集解》引刘向《别录》。班固以佼为鲁人，鲁灭于楚，鲁亦楚也，或作晋人，非。）古说相传，尸佼曾为商君之客；商君死，尸佼逃入蜀（《汉书·艺文志》）。《尸子》书二十卷，向来列在"杂家"。今原书已亡，但有从各书里辑成的《尸子》两种。（一为孙星衍的，一为汪继培的。汪辑最好。）据这些引语看来，尸佼是一个儒家的后辈，但他也有许多法理的学说，故我把他排在这里。即使这些话不真是尸佼的，也可以代表当时的一派法理学者。

（七）韩非与《韩非子》。韩非是韩国的公子，与李斯同受学于荀卿。当时韩国削弱，韩非发愤著书，攻击当时政府"所养非所用，所用非所养"；因主张极端的"功用"主义，要国家变法，重刑罚，去无用的蠹虫，韩王不能用。后来秦始皇见韩非的书，想收用他，遂急攻韩。韩王使韩非入秦说存韩的利益。（按《史记》所说。李斯劝秦王急攻韩欲得韩非，似乎不可信。李斯既举荐韩非，何以后来又害杀他。大概韩王遣韩非入秦说秦王存韩，是事实。但秦攻韩未必是李斯的主意。）秦王不能用，后因李斯、姚贾的谗言，遂收韩非下狱。李斯使人送药与韩非，叫他自杀。韩非遂死狱中，时为公元前 233 年。

《汉书·艺文志》载《韩非子》五十五篇。今本也有五十五篇。但其中很多不可靠的。如《初见秦》篇乃是张仪说秦王的话，所以劝秦王攻韩。韩非是韩国的王族，岂有如此不爱国的道理？况且第二篇是存韩。既劝秦王攻韩，又劝他存韩，是绝无之事。第六篇《有度》，说荆、齐、燕、魏四国之亡。韩非死时，六国都不曾亡。齐亡最后，那时韩非已死十二年了。可见《韩非子》绝非原本，其中定多后人加入的东西。依我看来，《韩非子》十分之中，仅有一二分可靠，其余都是加入的。那可靠的诸篇如下：《显学》、《五蠹》、《定法》、《难势》、《诡使》、《六反》、《问辩》。此外，如《孤愤》、《说难》、《说林》、《内外储》，虽是司马迁所举的篇名，但是司马迁的话是不很靠得住的。（如所举《庄子》：《渔父》、《盗跖》诸篇，皆为伪作无疑。）我们所定这几篇，大都以学说内容为根据。大概《解老》、《喻老》诸篇，另是一人所作。《主道》、《扬搉》（今作扬权，此从顾千里校）诸篇，又另是一派"法家"所作。《外储说·左上》似乎还有一部分可取。其余的更不可深信了。

三、法

按《说文》："灋，刑也。平之如水，从水；廌，所以触不直者去之，从廌去。(廌，解廌兽也。似牛一角。古者决讼，令触不直者。象形。)法，今文省。佱，古文。"据我个人的意见看来，大概古时有两个"法"字。一个作"佱"，从亼从正，是模范之法。一个作"灋"，《说文》云："平之如水，从水；廌，所以触不直者去之，从廌去"，是刑罚之法。这两个意义都很古，比较看来，似乎模范的"佱"更古。《尚书·吕刑》说："苗民弗用灵，制以刑，唯作五虐之刑，曰法。"如此说可信，是罚刑的"灋"字乃是后来才从苗民输入中国本部的。灋字从廌从去，用廌兽断狱，大似初民状态，或本是苗民的风俗，也未可知。大概古人用法字，起初多含模范之义。《易·蒙》"初六"云："发蒙利用刑人，用说。（句）桎梏以往，吝。"《象》曰："利用刑人，以正法也。"此明说"用刑人"即是"用正法"。"刑"是刑范，"法"是模范，"以"即是用。古人把"用说桎梏以往"六字连读，把言说的说解作脱字，便错了。又《系辞传》："见乃谓之象，形乃谓之器，制而用之谓之法。"法字正作模范解。（孔颖达《正义》："垂为模范，故云谓之法。"）又如《墨子·法仪》篇云：

天下从事者，不可以无法仪。……虽至百工从事者亦皆有法。百工为方以矩，为圆以规，直以绳，正以县。无巧工不巧工，皆以此五者为法。

这是标准模范的"法"。(参看《天志·上、中、下》,及《管子·七法》篇。)到了墨家的后辈,"法"字的意义讲得更明白了。《墨辩·经上》说:

法,所若而然也。(看第八篇第二章论"法"的观念。)佴,所然也。《经说》曰:佴,所然也者,民若法也。

佴字,《尔雅·释言》云:"贰也。"郭注:"佴次为副贰。"《周礼》:"掌邦之六典八法八则之贰。"郑注:"贰,副也。"我们叫抄本作"副本",即是此意。譬如摹拓碑帖,原碑是"法",拓本是"佴",是"副"。墨家论法,有三种意义:

(一)一切模范都是法(如上文所引《法仪》篇)。

(二)物事的共相可用物事的类名作代表的,也是法。

(三)国家所用来齐一百姓的法度也是法,如上文所引《墨辩》"佴所然也者,民若法也"的话,便是指这一种齐一百姓的法度。荀子说:"墨子有见于齐,无见于畸。"(《天论》篇)墨子的"尚同主义"要"一同天下之义",使"上之所是,必皆是之;上之所非,必皆非之"。故荀子说他偏重"齐"字,却忘了"畸"字,畸即是不齐。后来"别墨"论"法"字,要使依法做去的人都有一致的行动,如同一块碑上摹下来的拓本一般;要使守法的百姓都如同法的

"佴"。这种观念正与墨子的尚同主义相同,不过墨子的尚同主义含有宗教的性质,别墨论法便没有这种迷信了。

上文所引《墨辩》论"法"字,已把"法"的意义推广,把瀍金两个字合成一个字。《易经·噬嗑卦象传》说:"先王以明罚饬法。"法与刑罚还是两事。大概到了"别墨"时代(4世纪中叶以后),法字方才包括模范标准的意义和刑律的意义。如《尹文子》说:

> 法有四呈……一曰不变之法,君臣上下是也。二曰齐俗之法,能鄙同异是也。三曰治众之法,庆赏刑罚是也。四曰平准之法,律度权衡是也。

《尹文子》的法理学很受儒家的影响,故他的第一种"法",即是不变之法,近于儒家所谓天经地义。第二种"齐俗之法"指一切经验所得或科学研究所得的通则,如"火必热"、"圆无直"(皆见《墨辩》)等等。第三种是刑赏的法律,后人用"法"字单指这第三种。(佛家所谓法,"达摩"不在此例。)第四种"平准之法"乃金字本义,无论儒家、墨家、道家,都早承认这种标准的法。(看《孟子·离娄》、《荀子·正名》、《墨子·法仪》、《天志》等篇及《管子·七法》篇、《慎子》、《尹文子》等书。)当时的法理学家所主张的"法",乃是第三种"治众之法"。他们的意思只是要使刑赏之法,也要有律度权衡那样的公正无私、明确有效。故《韩非子·定法》篇说:

法者,宪令著于官府,刑罚必于民心;赏存乎慎法,而罚加乎奸令者也。

又《韩非子·难三》篇说:

法者,编著之图籍,设之于官府,而布之于百姓者也。

又《慎子》佚文说:

法者,所以齐天下之动,至公大定之制也(见马骕:《绎史》百十九卷所辑)。

这几条界说,讲"法"字最明白。当时所谓"法",有这几种性质:(一)是成文的(编著之图籍),(二)是公布的(布之于百姓),(三)是一致的(所以齐天下之动,至公大定),(四)是有刑赏辅助施行的功效的。(刑罚必于民心,赏存乎慎法而罚加于奸令。)

四、"法"的哲学

以上述"法"字意义变迁的历史,即是"法"的观念进化的小史。如今且说中国古代法理学(法的哲学)的几个基本观念。

要讲法的哲学,先须要说明几件事。第一,千万不可把"刑罚"和"法"混作一件事。刑罚是从古以来就有了的,"法"的观念是战国末年方才发生的。古人早有刑罚,但刑罚并不能算是法理学家所称的"法"。譬如,现在内地乡人捉住了做贼的人便用私刑拷打;又如,那些武人随意枪毙人,这都是用刑罚,却不是用"法"。第二,须知中国古代的成文的公布的法令,是经过了许多反对,方才渐渐发生的。春秋时的人不明"成文公布法"的功用,以为刑律是愈秘密愈妙,不该把来宣告国人。这是古代专制政体的遗毒。虽有些出色人才,也不能完全脱离这种遗毒的势力。所以郑国子产铸刑书时(昭六年,公元前536年),晋国叔向写信与子产道:

先王议事以制,不为刑辟,惧民之有争心也。……民知有辟,则不忌于上,并有争心,以征于书而徼幸以成之,弗可为矣。……锥刀之末,将尽争之。乱狱滋丰,贿赂并行,终子之世,郑其败乎!

后二十几年(昭二十九年。公元前513年),叔向自己的母国也作刑鼎,把范宣子所作刑书铸在鼎上。那时孔子也极不赞成,他说：

> 晋其亡乎！失其度矣。……民在鼎矣，何以尊贵？（尊字是动词，贵是名词。）贵何业之守？……

这两句话很有趣味。就此可见刑律在当时，都在"贵族"的掌握。孔子恐怕有了公布的刑书，贵族便失了他们掌管刑律的"业"了。那时法治主义的幼稚，看此两事，可以想见。后来公布的成文法渐渐增加，如郑国既铸刑书，后来又采用邓析的竹刑。铁铸的刑书是很笨的，到了竹刑更方便了。公布的成文法既多，法理学说遂渐渐发生。这是很长的历史，我们见惯了公布的法令，以为古代也自然是有的，那就错了。第三，须知道古代虽然有了刑律，并且有了公布的刑书，但是古代的哲学家对于用刑罚治国，大都有怀疑的心，并且有极力反对的。例如，老子说的："法令滋彰，盗贼多有"；"民不畏死，奈何以死惧之"。又如，孔子说的："道之以政，齐之以刑，民免而无耻；道之以德，齐之以礼，有耻且格。"这就可见孔子不重刑罚，老子更反对刑罚了。这也有几层原因：

（一）因当时的刑罚本来野蛮得很，又没有限制（如《诗》："彼宜无罪，汝反收之，此宜有罪，汝复脱之。"又如《左传》所记诸虐刑），实在不配作治国的利器。

（二）因为儒家大概不能脱离古代阶级社会的成见，以为社会应该有上下等级：刑罚只配用于小百姓们，不配用于上流社会。上流社会只该受"礼"的裁制，不该受"刑"的约束。如《礼记》所说"礼不下庶人，刑不上大夫"；《荀子·富国》篇所说"由士以上，则必以礼乐节之；众庶百姓，则必以法数制之"，都可为证。近来有人说，儒家的目的要使上等社会的"礼"普及全国，法家要使下级社会的"刑"普及全国（参看梁任公《中国法理学发达史》）。这话不甚的确。其实那种没有限制的刑罚，是儒法两家所同声反对的。法家所主张的，并不是用刑罚治国。他们所说的"法"，乃是一种客观的标准法，要"宪令著于官府，刑罚必于民心"，百姓依这种标准行动，君主官吏依这种标准赏罚。刑罚不过是执行这种标准法的一种器具。刑罚成了"法"的一部分，便是"法"的刑罚，便是有了限制，不是从前"诛赏予夺从心出"的刑罚了。

（原载胡适：《中国古代哲学史》，商务印书馆1930年版）

1895—1990

冯友兰：论管仲

在春秋战国这个大转变的时期，各诸侯国的发展是不平衡的。最先出现封建生产关系的是齐国。在这个过程中，适应历史的潮流，起着杰出的进步作用的主要代表人物是管仲。

管仲（死于公元前645年）名夷吾，仲是他的字。他在担任齐桓公的宰相的时候，在齐国推行封建性的改革。由于封建制在当时是适应生产力发展的新的生产关系，齐国成为当时最先进、最强大的诸侯国，齐桓公成为当时诸侯国的霸主。历史事实说明，管仲是春秋时期新兴地主阶级的突出的代表，是当时革新、进步路线的创始者和推进者。由管仲所创始的这条路线，对于中国社会的进步和中华民族的统一，都起了很大的作用。

我们现在有一部从汉朝流传下来的，题为《管子》的书，但其中绝大部分是管仲以后的人写的，不能代表管仲的思想。《国语》里面的《齐语》，相当完整地记载了管仲的思想以及齐桓公在管仲辅佐下，在齐国推行的一系列的封建的改革措施，也记载了这些改革措施所取得的成绩。

在《管子》中题为《小匡》的一篇，基本上是从《齐语》抄来的。《管子》里边，还有《大匡》、《中匡》两篇，其内容同《小匡》相类似。从《齐语》和《管子》的这三篇中，我们可以得到相当丰富的关于管仲的资料。这些资料说明，管仲在齐国的改革，其意义是以封建制代替奴隶制。从这些改革中，我们可以比较清楚地看到中国社会从奴隶制向封建制转化的痕迹。

管仲是春秋时期的一个功业显赫的人物。当时必有些像《管仲传》这一类的著作。《齐语》和《小匡》等三篇大概都从这一类的著作中抄来。仅从《管子》这部书看，《小匡》等三篇未必可靠，但得《齐语》的支持，它们又是可靠的了。

《齐语》记载，管仲对齐桓公说："相地而衰征则民不移。"（《小匡》篇作"相地而衰其政"。政当读为征。《大匡》篇说："案田而税。""案田而税"就是"相地而衰征"。）"衰"的意思是等差。就是说，按土地的好坏，分成等级，按等级收税。这样，农民就不迁移。如果不分土地好坏都收一样的税，住在坏地的农民就想往好地的地方迁移。所以"相地而衰征则民不移"。

《大匡》篇并且记载了管仲所说的收税的税率。他说："二岁而税一，上年什取三，中年什取二，下年什取一。岁饥不税。岁饥弛而税。"就是说，每两年收一次税。丰年的税率是十分之三，平年十分之二，差一点的年是十分之一。荒年不收税，等到灾情缓和之后收税。

管仲的这一措施的历史意义,不在于税率的高低,而在于这些措施是用新的封建地租的形式剥削农民。我们知道,在奴隶社会中,担负耕种重担的是奴隶。不管收成多少,都归奴隶主所有。管仲所说的办法,是把耕种土地的人所耕种的土地包给耕种的人,土地的主人从其收成中剥削一部分。这样,耕种的人就不是奴隶而是佃农;收税的人也不是奴隶主而是地主了。这是一种封建制形式的剥削。用封建制形式的剥削代替奴隶制形式的剥削,就是用封建制的生产关系代替奴隶制的生产关系。

《春秋》所记载的"初税亩"的历史意义,也在于此。《公羊传》说:"税亩者何?履亩而税也。"(宣公十五年,公元前594年)照现在流行的解释,"税亩"是向奴隶主贵族的"私田"征税,其历史意义在于承认私田的合法性。这种解释,没有指出"税亩"对于从奴隶制向封建制转变的直接意义,而且也缺乏史料的根据。《公羊传》解释"税亩"为"履亩而税"。如果把《齐语》和《管子》的记载联系起来看,"履亩而税"和"案田而税",是一类的事。《齐语》明确地说:"相地而衰征则民不移。"可见"征"是对作为"四民"之一的农民的地租,不是对于奴隶主贵族的税。"履亩而税"也是用封建制形式的剥削代替奴隶制形式的剥削。这是以前所没有的事情。所以《春秋》就作了一条特别的记载,大书曰:

"初税亩。"

秦国于简公七年（公元前408年）"初租禾"，又于孝公十四年（公元前348年）"初为赋"（《史记·六国年表》）。"初租禾"似乎是按农作物收成的数目抽出几成以为地租。"初为赋"又似乎是按土地的数目抽税。其详已无可考。大概秦国于简公时已实行向耕种土地的劳动者征税，以地租税的形式进行剥削。在孝公时，商鞅变法，又作进一步的调整。无论如何，"初租禾"和"初为赋"都和"初税亩"有同样的意义，都是由奴隶制转变为封建制的里程碑。历史家的记载，都加上一个"初"字，表示其为前所未有的事。

有的同志认为，"租"和"税"是不同的。租是地主向农民征收的地租，税是国家向土地所有者征收的地税。"租"和"税"这两个字的用法，在后世是有这样的不同。但在古代这两个字是可以互相通用的。例如秦国的"初租禾"，鲁国的"初税亩"，按其性质说是一类的事，而一称为"租"，一称为"税"。《汉书·食货志》说，当时的农民"耕豪民之田，见税十五"，这"十五"明明是地租，但当时也称为税。

新出土的《孙子兵法》有孙武和吴王的一段对话，孙武说：晋国的六卿都按亩向民征税。税率是一样，但亩的大小不同。这也是"税亩"的一个例证。"税亩"可能是从文公开始的。这也许是晋文公的霸业的经济基础。

齐国从奴隶制转向封建制比鲁国早。所以孔丘说："齐一变至于鲁，鲁一变至于道。"（《论语·雍也》）他所说的"道"，就是西周奴隶制。他希望把齐国倒退到鲁国，把鲁国倒退到西周的奴隶社会。

荀况讲"王者之法"，也说："田野什一。关市几而不征。山林泽梁，以时禁发而不税。相地而衰政。"（《荀子·王制》）杨倞注说："政或读为征。"荀况正是继承管仲的思想，主张推行封建制形式的剥削。

管仲除"案田而税"外，还主张"赋禄以粟"（《管子·大匡》）。这个主张的历史意义，是废除分封制。照西周奴隶社会所行的分封制，在法律上说，全中国的土地都属于周天子。周天子分封建国，每一个诸侯国都给一片土地。一国的国君又分封卿、大夫，每人也给一片土地。这就是他们的"家"。像这样层层分封，这些大小贵族们都从他们受封的土地范围之内，剥削奴隶，以为他们自己享受。每一级的贵族，并不向高一级的贵族领取俸禄，高一级的贵族也不需要向低一级的贵族发给俸禄。管仲要推行"赋禄以粟"的制度。这就是说，国君要向他的臣下发给俸禄。俸禄是按粮食计算的，就像汉朝的俸禄，几千石、几百石之类。在这种制度下，一国之内的卿、大夫，就不是受封土地的奴隶主贵族，而是受俸几千石、几百石的新官僚。

管仲又请齐桓公命令全国各地方推荐有贤才的人。桓公亲自接见，给他们官职。又命令各部门的长官，考察这些人的成绩。在成绩好的这些人之中，再加以选拔，给他们高一级官职。经过三次选拔，把成绩最好的，上升为上卿的副职。(《齐语》说是"为上卿之赞"。《小匡》说是"为上卿之佐"。)这样就打破了奴隶制的贵族世袭的制度。

在当时情况下，管仲的废分封和世袭的政策，在推行的时候，是有策略的。他的策略是，先从下级贵族开始。在当时的情况下，管仲在齐国，政治上的地位是很高的，他是桓公的代言人。但是他在法律上的地位，并不很高。原来周天子封太公为齐侯的时候，同时又封了两个上卿，以为太公的辅佐，一个是国氏，一个是高氏，称为国、高二子。他们两家世袭为齐国的上卿。管仲在齐国，政治上的权力比国、高二子大。但是在法律上说，国、高二子还是上卿。《左传》记载说，在桓公成为霸主以后，管仲的名声很大。有一次他代表齐桓公去见周天子。周天子待以上卿之礼。管仲辞不敢受，说：我不过是一个小事务官，要说上卿，"有天子之二守国、高在"。在于国、高这两家贵族，管仲还是不能不尊重的。他把经过三选的人，提拔起来，为上卿的副职。这就是使国、高二子逐渐处于有职无权的地位。

齐桓公九次召集诸侯国开会，其中最盛大的一次是葵丘之会

（《春秋·僖公·九年》）。齐桓公号召到会的诸侯，订了盟约。其第二条是"尊贤育才，以彰有德"。第四条是"士无世官，官事无摄，取士必得，无专杀大夫"（《孟子·告子下》）。这是管仲向齐国以外的诸侯推行"任人唯贤"废世袭的思想。赵歧读士为仕，"士无世官"就是"仕无世官"。贵族们还可以保持其世禄，但不能保持其世官。最早的孟子注是这样说的。但也可能不需要改士为仕。士是分封制下面的最低级的贵族。"士无世官"就是说，先从士这一级废除世袭。无论如何，"士无世官"，总是对于世袭制的破坏。

"官事无摄"，这是针对奴隶主贵族垄断权力而发的。《论语》记载说："或曰：'管仲俭乎？'曰：'管氏有三归，官事不摄，焉得俭？'"（《论语·八佾》）"官事不摄"，就是说，一个官不可以兼摄几个职务。管仲主张职务要由代表新兴阶级利益的所谓"贤才"来承担，反对为奴隶主所垄断。孔丘认为应该由奴隶主贵族来垄断，照他所说，这样可以减少费用，合乎俭德。表面上看起来，这不过是一个官可不可以兼职的问题。其实不然，这是一个新兴地主阶级向没落奴隶主阶级进行夺权的斗争。正是因为这样，所以"官事无摄"竟然写入诸侯国之间的盟约，可见其不是一件小事，而是关系到两种制度、两条路线斗争的一件大事。

法家主张"综核名实"，"循名责实"。管仲所提的三选制度（见上），每一次选就有一次考核。这就是综核名实。一个人担任某一项职务，这个职务就是名，这个人就是实。他既然担任了这个职务，他就应该作出这个职务所要求的成绩。如果他作出成绩，他就受赏，如果作不出成绩，他就要受罚。这就叫"循名责实"。在管仲看来，如果像奴隶主贵族那样，把持了政权，就会使有才能的人和没有才能的人不容易分别。这样下去，"用人唯贤"的制度就受影响。这和用人唯亲的路线是对立的。

但是，封建制度和奴隶制度都是剥削阶级的制度。作为一个剥削阶级的进步思想家，管仲当然不可能也不必要和奴隶制度的一切旧法决裂。相反，他可以从旧法中吸取其所需要者，略加改造，以为封建统治服务。管仲向桓公建议说："修旧法，择其善者举而严用之。"(《管子·小匡》。《齐语》作"修旧法，择其善者而业用之"，业字费解。)这是管仲对于西周奴隶制度的旧法的态度。对于那些旧法，他不是一概否定。照上面所讲的，管仲推行封建形式的剥削，在一定范围内废除了分封和世袭。这就是改革了西周奴隶社会的奴隶制的主要部分。但是西周遗留下来的旧法，也还有在封建制下可以为地主阶级服务的。这就是"其善者"。管仲认为，这也还是可以用的，只不过是应该严格地加以选择。

《齐语》和《管子》三篇，记载管仲请桓公发布的命令和规定的制度，这当然都是新法。新法更需要严格执行。管仲主张，要"劝之以赏赐，纠之以刑罚"，"而慎用其六柄焉"。(《齐语》"柄"，

《小匡》篇作"秉",解释说:"杀生,贵贱,贫富,此六秉也。")以赏罚推行法令,这是法家的精神。

管仲在齐国推行"富国强兵"。富国的办法是提倡农业,手工业和商业。他把农民、手工业者、商人和知识分子并列为"四民"。他说:"士、农、工、商四民者,国之石民也。"(《管子·小匡》)就是说,这四种职业的人,对于国家的支持,好像房子的柱石。士就是知识分子,其职业是搞意识形态。农是种庄稼的人,其职业是生产粮食。工是手工业者,其职业是制造器具。商是商人,其职业是流通货物,"以其所有,易其所无"(《齐语》)。管仲认为,这四种职业的人,都应该是世代相传,而且各有其居住的地方,不相混杂。这样,就可以专心于他们的职业,"少而习焉,其心安焉,不见异物而思迁焉"(《齐语》)。就是说,这些行业的人,从小的时候,所见所学,都是关于那一行的事情,因此,他就能安于他的那一行,安于本分,共同来维持封建统治的秩序。

管仲的这种思想,对于发展生产是有利的,但其意义还不止于此。儒家认为,有劳心的人,有劳力的人。劳心的人是君子,劳力的人是小人;士是劳心的人,应该属于君子之类。所以孔丘的学生樊迟想学种地,孔丘骂他是小人,没有出息。这是奴隶主鄙视奴隶的反动的旧传统。管仲把士和农、工、商统称为"四民",认为他们都是国家柱石。这样,士就不是奴隶主,也不是奴隶,农、工、商也不是奴隶。这就是对于奴隶社会的传统的一个突破。但是管仲主张职业世袭,这还是奴隶制的一种残余。

管仲虽然认为,士、农、工、商这四种职业的人应该是世代相传,但也认为,优秀的农民,也可以选为士。他说:"是故农之子常为农,朴野而不慝,其秀才之能为士者,则足赖也。故以耕则多粟,以仕则多贤,是以圣王敬畏戚农。有司见之而不以告,其罪五。"(《管子·小匡》)《齐语》也有此段,但较略。就是说,农民有朴素诚实的素质,如果成为士,可以出贤才,如果成为官,是可靠的,所以"圣王"尊敬农民,关心他们。在封建社会中,贫苦的农民,要想成为"士"实际上是不可能的。但管仲提出这种思想,反映了新兴地主阶级在其上升的时期发展农业的要求。

在军事思想上,管仲主张"强兵"。办法是"作内政而寄军令"。就是说,把政治和军事统一起来,把政治上的组织和军事上的组织统一起来。照管仲的计划,军士的来源主要是农民,要强兵就先要把农民组织起来。照他所说的组织,"五家为轨,轨为之长。十轨为里,里有司。四里为连,连为之长。十连为乡,乡有良人焉"。在这个行政上的组织的基础之上,又作军事上的组织。每家出一个人当兵,每轨五个人,在军事的组织上称为"伍",由轨长率领。照这个比率,每乡出二千人,称为"旅",由乡良人率领。五个乡出一万人称为"军"。齐国成立三个军,由齐桓公和当时的世袭上卿国子、高子分别统率，在春秋两季，用打猎的形式练习打仗。这些军事组织名称，有的沿用至今。

照这个办法，军队上的组织单位是以行政上的组织单位为基础的。军队上同伍的人，就是行政组织上同轨的人。管仲说："伍之人，祭祀同福，死丧同恤，祸灾共之。人与人相畴，家与家相畴，世同居，少同游。故夜战，声相闻足以不乖；昼战，目相视足以相识。其欢欣足以相死。居同乐，行同和，死同哀，是故守则同固，战则同强。君有此士也三万人，以方行于天下，以诛无道，以屏周室，天下大国之君，莫之能御。"（《齐语》）这一段所说的，是管仲认为这样组织的军队的优点。有了这样的优点的军队，就可以所向无敌。

管仲的军事思想认为，军队的强弱，主要是靠兵的素质。素质最好的兵是"朴野而不慝"的农民。其次要靠他所说的那样的组织。作为一个新兴地主阶级的军事思想家，管仲认识到，打仗要靠兵的积极性和主动性。怎样才能达到这种要求呢？管仲认为，要调动兵的乡土情谊以发挥他们的积极性和主动性。这正是反映了封建军队的特点。上面所引的那一段，说的就是这种兵的情况。这种适应地主阶级的政治上的和军事上的要求而组织出来的兵，一般是和奴隶主的奴隶兵不同。这在当时说是一种新型的军队，是生气勃勃的，是可以称霸于天下的。这是因为他们当时是为新生的制度而战。到了封建制度末期，这种靠封建的乡谊来调动兵的积极性的作用就完全没有了。

在齐国的这样的政治上、经济上、军事上的优势的基础上，管仲推行他的齐国和其他诸侯国之间的对外政策。其主要的内容，就是联合当时中原的诸侯国，即所谓"诸夏"，征伐当时中原以外的民族。这就是管仲所说的，"以诛无道，以屏周室"，用旧日的话说，这就叫"尊王攘夷"。

葵丘之会的盟约最后说："凡我同盟之人，言归于好。"（《左传·僖公·九年》）盟约的第五条规定说："无曲防，无遏籴，无有封而不告。"（《孟子·告子下》）"无曲防"就是说，各国不准设堤防截断邻国的水源或使水向邻国泛滥，以邻国为壑。"无遏籴"就是说，各国不准禁止粮食出口。

至于齐国本国，管仲主张"通齐国之鱼盐于东莱，使关市几而不征，以为诸侯利"（《齐语》）。"几而不征"就是说，关于货物的来往，齐国的把关的人，仅检查而不征税。这些都是团结中原的诸侯国的措施。这样就逐渐打破了中原诸侯国之间的界限。《齐语》又说，齐桓公在中原边缘的地方，修了一些要塞，"以卫诸夏之地"。这些都是"尊王攘夷"的具体措施。

管仲的"尊王"是以周天子为象征，在"尊王"的旗帜下，把当时中原的诸侯国组织起来，并逐渐消除诸侯国之间的界限。这是统一中华民族的一个步骤，在当时说，这一步骤是革新进步的。

总的看起来，管仲在齐国的措施，改革了西周奴隶制的几项主要的制度。他的思想就是为这些改革作理论根据。他的改革和思想是中国社会由奴隶制向封建制的转变的表现，同时也把这种转变推向前进。在以后的这种转变的过程中涌现出来的一些政治家和思想家，都是他的继承者。李斯、韩非的思想，是管仲思想发展的高峰。秦始皇的事业，是管仲事业的完成。

（原载《中国哲学史论文集》第1辑，山东人民出版社1979年版）

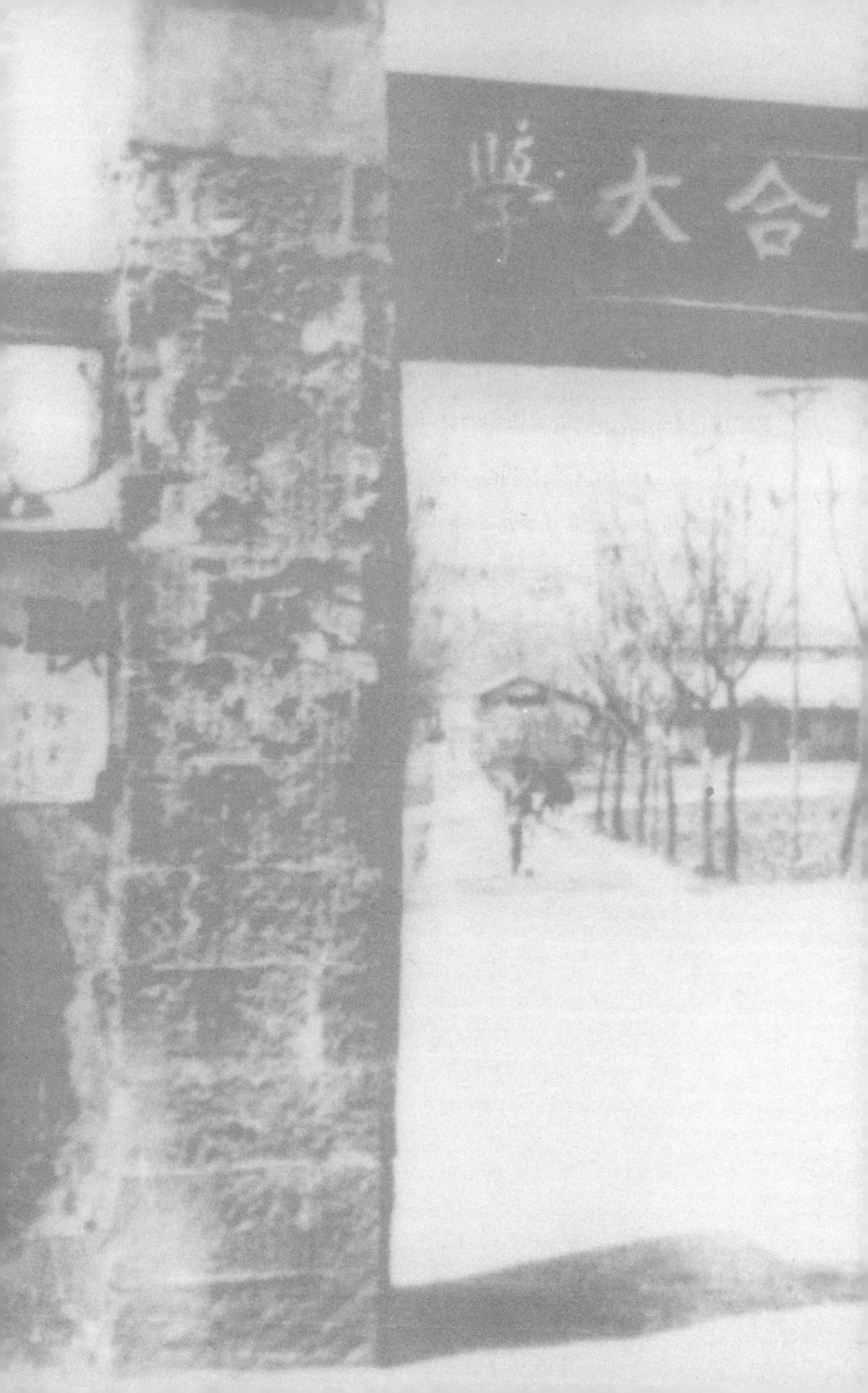
合大學

第六篇 名辩之学
名家三讲

1937—1946

1937—1946

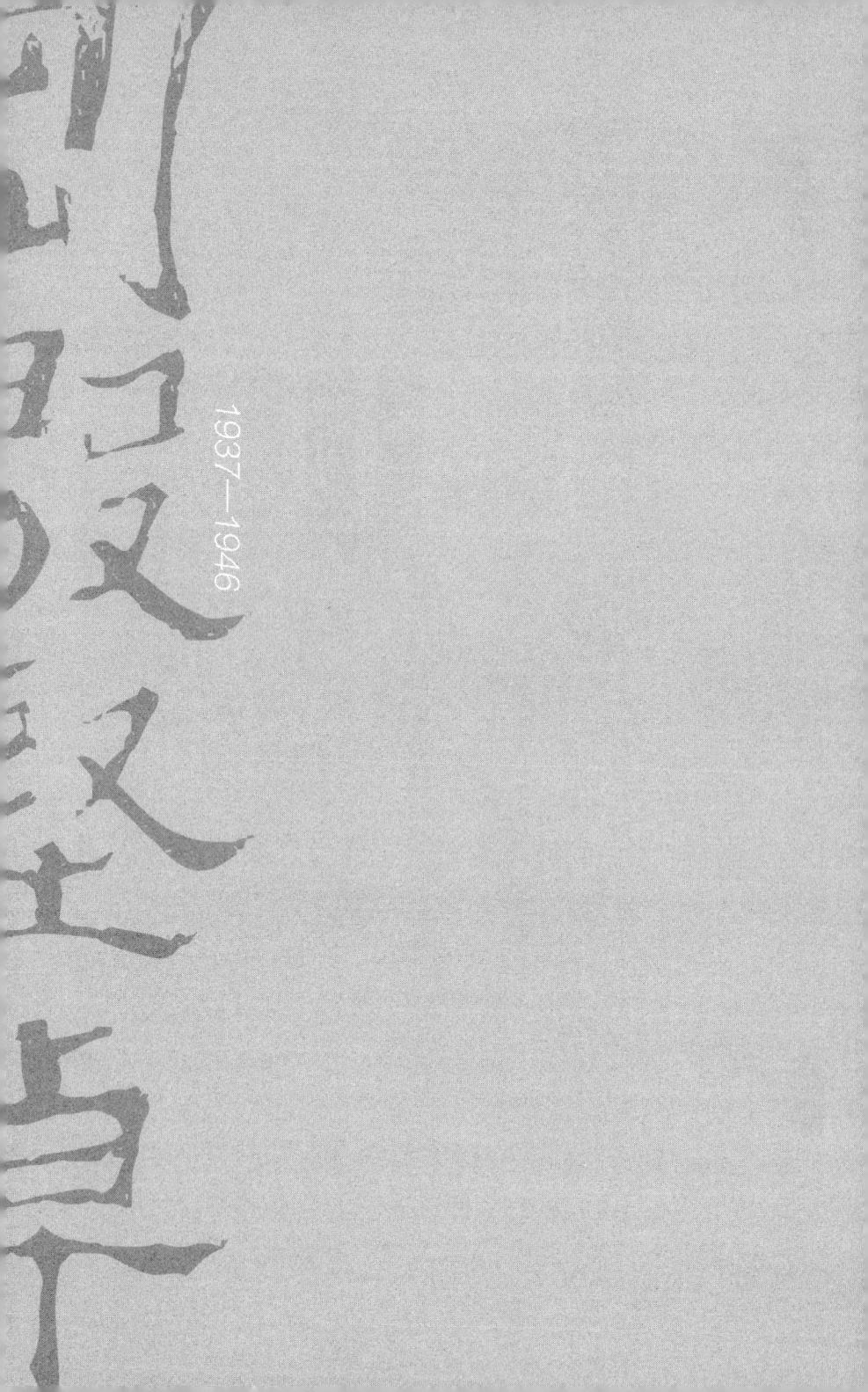

1891—1962

胡适：辩者时代的开始

　　公元前 6 世纪刚开始，中国由诗人时代发展至辩者（sophists）时代。诗人时代和辩者时代构成了古代中国的启蒙时代。诗人和辩者是那些更有系统的思想家们的先驱，而这些思想家们的哲学就是这篇论文研究的目标。如果没有启蒙时期的初步认识，后来的学说便似乎是从天上突然掉下来的了——这当然是不可能的事情。

　　我用"辩者"一词，仅仅是因为找不到更好的名词。中国的"辩者"集团，一方面继承了诗人的传统，另一方面，又或多或少具有系统的哲学思想，如老子。我们引用过他们的诗歌的那些近似于悲观主义者的诗人，就是愤世嫉俗者，即面对社会的极端腐败而消沉的人，以守门人、农夫、劳力或"狂人"等面目隐藏自己的"遁世者"。在孔子和庄子的著作中经常提到这种人。《论语》第十八章有两个例子：

　　其一：

　　楚狂接舆歌而过孔子曰："凤兮！凤兮！何德之衰？往者不可

谏，来者犹可追。已而！已而！今之从政者殆而！"孔子下，欲与之言。趋而辟之，不得与之言。

其二是同样给人以深刻印象的小事情：

长沮桀溺耦而耕，孔子过之，使子路问津焉。长沮曰："夫执舆者为谁？"子路曰："为孔丘。"曰："是鲁孔丘与？"曰："是也。"曰："是知津矣。"（因为他在这些年来到处奔走。）问于桀溺。桀溺曰："子为谁？"曰："为仲由。"曰："是鲁孔丘之徒与？"对曰："然。"曰："滔滔者，天下皆是也，而谁以易之？且而与其从辟人之士也，岂若从辟世之士哉。"耰而不辍。

在我们看来，这些人是消极的和隐逸的，然而，他们表现了当时的时代精神——（对现实的）批评和反抗。他们通过逃避当时可悲的社会环境而表明了他们的反抗。以他们所过的如此简单、朴素和避免斗争的生活，他们缄默地示范地提出了对这罪恶的世界的治疗药方。

"辩者"这个名称，可以更加正确地用于那个时候的一批"愤世派"思想家。① 这批人更近似于希腊诡辩派——我们在柏拉图的《对话集》中已经熟识这批人。不幸的是，这些中国的辩者，如同他们的希腊同伙一样，留下来的作品极少，以至我们只能以第二手材料来描述和解释他们的品格和思想。

看来在公元前6世纪的时候，在许多国家有这样一种人，他们的任务是对当时的青年宣讲对于社会问题和政治问题的激进观点，以教授处理公私生活、行为以及在法庭上辩讼的方法。可能这些人是应当时对政治、外交和战争的实际才能的需要而产生的。在孔子出生的那个诸侯国，我们可以看到这种有广泛群众基础和巨大影响的民众教师。当孔子做了司寇的时候，他处死了一个名叫少正卯的人。孔子对他的指控是："其居处足以撮徒成党。其谈说足以饰褒荧众。其强御足以反是独立。"(《孔子家语》) 这些大抵也是柏拉图很想用以反对当时的诡辩派的指控之词。

然而，最著名而且也许是最有趣的辩者是邓析。他是被郑国政治家子产处死了的。由于子产的死是公元前522年的事，邓析必定活跃于公元前6世纪中叶以后的二十五年内。② 根据《列子》一

---

① 胡适英文原文为 a group of destructive thinkers or iconoclasts, 似可译为"破坏的思想家"或"反对偶像崇拜者"。但胡适《中国哲学史大纲》(上卷) 把这些人称为"愤世派"，取这种译法更为简明，故从之。——原译者

② 据《左传》记载，邓析被处死是在子产死后二十年，即公元前502年。——编者注

书，邓析教给人"两可之说，设无穷之辞"(《列子》)。他写了一部竹刑。这部法典后来被那个迫害他的政府所采用。他的被害是由于他固执地反对子产的政策而引起的。据《吕氏春秋》说，子产禁止在公众地方悬挂"揭帖"，因为这种行为要是流行起来的话，会造成政局的不稳定。邓析用传递揭帖的办法来回避这一规定。随即，子产颁布了禁止传递揭帖的禁令，邓析便把揭帖夹在其他文章中传送，又一次违抗法令。"令无穷，则邓析应之亦无穷矣。"(《吕氏春秋·审应览》)

政府被邓析对人民的巨大影响进一步激怒了。他教给人们如何在法庭上为自己辩护；他按照讼狱的大小收费。《吕氏春秋》说他："以非为是，以是为非，是非无度，而可与不可日变。所欲胜固胜，所欲罪固罪。"(《吕氏春秋·审应览》)

《吕氏春秋》——一本对邓析取敌视态度的书——说了这个关于他的故事：

洧水甚大。郑之富人有溺者，人得其死者。富人请赎之，其人求金甚多。以告邓析。邓析曰，安之，人必莫之卖矣。得死者患之，以告邓析。邓析又答之曰，安之，此必无所更买矣。

所谓邓析的作品有少量留下来，但颇多含糊不清和前后矛盾的地方，因此，我们只能认为，那充其量只是在一两个真实残简的基础上的虚构。一个有理由归于他的残简是这样的：

天于人无厚也，君于民无厚也，父于子无厚也，兄于弟无厚也。何以言之？天不能屏勃厉之气，令夭折之人更生，使为善之民必寿，此于民无厚也。(《无厚》)

看来，他以自我牺牲为代价去支持老百姓的目标并且反对政府，这是不足为奇的。

（原载《胡适全集》第5卷，安徽教育出版社2003年版。标题为编者所加）

冯友兰：名家（节选）

先秦的名家出于"辩者"。其中主要底大师，是惠施、公孙龙。《庄子·秋水》篇说：公孙龙"合同异，离坚白，然不然，可不可，困百家之知，穷众口之辩"。（《秋水》篇说是公孙龙所说，其实是当时一般人对于辩者底印象。）《天下》篇说："桓团，公孙龙，辩者之徒，饰人之心，易人之意，能胜人之口，不能服人之心，辩者之囿也。""然惠施之口谈，自以为最贤"，"以反人为实，而欲以胜人为名，是以与众不适也"。司马谈说："名家苛察缴绕，使人不得反其意，专决于名，而失人情。"（《太史公论六家之要指》）这些话代表古人对于辩者的批评，亦代表一般人对于辩者底印象。

这些批评，对于一般底辩者说，大概是不错底。一般底辩者，大概都是为辩而辩。一般人以为然者，他们偏不以为然。一般人以为不然者，他们偏以为然。此所谓"以反人为实"。既为辩而辩，其辩期于必胜。此所谓"以胜人为名"。这种为辩而辩底辩，往往能使与之辩者一时无话可说。它能使与之辩者往往自己陷于混乱，自己也弄不清楚自己的确切意思之所在，自己也不知自己前后是否矛盾。此所谓"饰人之心，易人之意"。此所谓"苛察缴绕"，"使人不得反其意"。但这种辩论，往往只是"一时"使人无话可说，未必能使人心悦诚服。此所谓"能胜人之口，不能服人之心"。此是"辩者之囿"。

辩者的立论，大概都是破坏底。别人说东，他偏说西。别人说南，他偏说北。他的立论是"与众不适"。但他所希望得到底，也就是"与众不适"。他是有意立异。他虽未必自己有一套对于事物底见解，但他可以为辩而辩，特意破坏一般人对于事物底见解。其辩抑或能使人一时无话可说。他的立论，未必能使人心服，亦未必是真理，不过他的辩论，可使与之辩者对于其自己的见解，作一种反省。这对于与之辩者未尝不是一种很大底好处。

一般人所知，大概都限于形象之内，辩者对于一般人的见解大概都是不以为然底。他向来"然不然，可不可"。他总是批评一般人的对于事物底见解。《庄子·天下》篇所载辩者二十一事，都是辩者对于一般人的对于事物底见解底批评。照一般的见解，火是热底，飞鸟之影是动底，白狗是白底，犬是犬，羊是羊。辩者偏说："火不热。""飞鸟之影未尝动也。""白狗黑。""犬可以为羊。"

这种批评，也可以说是对于形象世界底批评。假使有人拉着辩者的手，放在火上，叫他试试火是不是热底，他虽也感觉火是热底，但他还可以立论，说："火不热。"假使有人拉辩者去看白狗是不是黑底，他虽然也感觉到白狗是白底，但他还可以立论说："白狗黑。"他对于一般人的对于事物底见解底批评，可以发展为对于形象世界底批评。他不但可以对于一般人的见解，有意立异，他简直可以对于形象世界有意立异。《天下》篇所载辩者二十一事，亦可以作如是底解释。火是热底，飞鸟之影是动底。白狗是白底。犬是犬。羊是羊。辩者偏说："火不热。""飞鸟之影未尝动也。""白狗黑。""犬可以为羊。"

与形象世界立异，对于形象世界作批评，如不是为辩而辩底批评，则批评者，需有对于超乎形象者底知识，以为批评的标准；须知有超乎形象者，以为批评的观点。他如有此种知识，则他的立论，即不止是破坏底。一般的辩者的，对于一般人的对于事物底知识底批评，以及对于形象世界的批评，大概都是为辩而辩底批评，他们的批评大都是破坏底。但名家的大师，惠施、公孙龙，则已进步到有对于超乎形象者底知识。他们的立论不只是破坏底。道家是反对他们的。但他们实则是为道家哲学，立下了不可少底基础。

《庄子·天下》篇记惠施的学说十点，所谓惠施十事。第一事云："至大无外，谓之大一。至小无内，谓之小一。"这是惠施所发现底一个标准，也可以说是一个观点。用这个标准，从这个观点，他可以批评形象世界，或一般人对于事物底见解。这两个命题，都是我们所谓形式命题，对于实际，都无所肯定。这两个命题并没有说，实际上什么东西是最大底，什么东西是最小底。这两个命题所肯定底，是超乎形象底。欲充分了解这二个命题的意义，我们可以参看《庄子·秋水》篇。

《庄子·秋水》篇说，河伯问海若曰："然则吾大天地而小毫末可乎？"海若说："计人之所知，不若其所不知；其生之时，不若未生之时。……又何以知毫末之足以定至细之倪，又何以知天地之足以穷至大之域？"此所谓天地，大概是说，物质底天与地，不是宇宙或大一。说天与地是至大，毫末是至小，都是对于实际有所肯定。这两个命题都是我们所谓积极底命题，都可以是不真底。因为专靠经验，我们无法可以完全决定，天与地是最大底东西，毫末是最小底东西。形象世界中事物的大小，都是相对底。"因其所大而大之，则万物莫不大。因其所小而小之，则万物莫不小。"（《庄子·秋水》篇）凡物都比比它小的物大，也都比比它大的物小。因此我们不能完全决定"毫末之足以定至细之倪，天地之足以穷至大之域"。

我们不能专靠经验断定在形象世界中，什么东西是最大底，什么东西是最小底。但我们可以离开经验说：怎样是最大，怎样是最小。"至大无外，谓之大一；至小无内，谓之小一。"这两个命题就是这一种底形式命题。

至大无外底是绝对地大，至小无内底是绝对地小。至大只能是至大，至小只能是至小。这是绝对底，亦是不变的。站在绝对底不变的观点，以绝对底，不变底标准，以看形象世界，则见形象世界中底事物所有底性质，以及其间底分别，都是相对底，可变底。

惠施十事中以下九事云："无厚不可积也，其大千里。"这是说小大是相对底。无厚不可积，可以谓之小，但无厚者无体积，可以有面积，面积可以大千里，又可以谓之大。"天与地卑，山与泽平。"这是说高低是相对底。"日方中方睨，物方生方死。"这是说死生是相对底。"大同而与小同异，此之谓小同异。万物毕同毕异，此之谓大同异。"这是说同异是相对底。"南方无穷而有穷。"这是说有穷无穷是相对底。"今日适越而昔来。"这是说今昔是相对底。"连环可解也。"这是说成毁是相对底。"我知天下之中央，燕之北，越之南，是也。"这是说中央与旁是相对底。"泛爱万物，天地一体也。"这是说事物间底分别是相对底。"万物毕同毕异。""自其异者视之，肝胆楚越也；自其同者视之，万物皆一也。"(《庄子·德充符》)这是庄子批评形象世界所得底结论，也是惠施批评形象世界所得底结论。

得到这个结论以后，对于超乎形象者底知识，又有一大进步。因为现在不仅知道怎样是大一，并且知道什么是大一。"泛爱万物，大地一体也。"这个一体就是大一。因为这个一体包括天地万物，它不能有物在其外。这就是无外。"至大无外，谓之大一。"

公孙龙也发现了一点标准，或一个观点，用这个标准，从这个观点，他可以批评形象世界，或一般人对于事物底见解。他发现了西洋哲学中的所谓"共相"，他称"共相"为"指"。其所以称"共相"为指，有两种解释。我们可以说：指是名之所指。就一方面说，名之所指为个体。公孙龙说："名，实谓也。"（《公孙龙子·名实论》）名所以谓实，实是个体。就一方面说，名之所指为"共相"。例如白马之名，可指此马彼马等个体；亦可以指马之"共相"。例如白之名可以指此一白物，彼一白物，所表现底白；亦可以指白之"共相"。公孙龙论"白马非马"，论"离坚白"，皆就"白马"、"马"、"坚"、"白"等"共相"立论。"共相"是名之所指，故称之为指。

或亦可说，指与旨通，例如司马谈《论六家之要指》，就是说六家要旨，或要义。如此解释，则公孙龙所谓指，相当于西洋哲学中所谓观念。此所谓观念，不是主观底观念，是客观底观念，是柏拉图底观念。柏拉图底观念也就是"共相"。

公孙龙有《白马论》。《白马论》的主要立论是"白马非马"。他所用以证明他的立论底辩论可以分为三点。

第一点是："马者，所以命形也；白者，所以命色也；命色者非命形也，故曰白马非马。"这是就马之名及白之名的内涵说。马之名的内涵是马的形。白之名的内涵是一种颜色。白马之名的内涵是马的形及一种颜色。此三者的内涵各不相同，所以"白马非马"。

第二点是:"求马,黄黑马皆可致。求白马,黄黑马不可致。……故黄黑马一也,而可以应有马,而不可以应有白马,是白马之非马审矣。""马者,无去取于色,故黄黑皆所以应。白马者有去取于色,黄黑马皆所以色去,故唯白马独可以应耳。无去者,非有去也。故曰:白马非马。"这是就马之名与白马之名的外延说。马之名的外延,包括一切马。白马之名的外延,则只包括白马。所以一个人只求马,则黄黑马"皆可以应"。若指定求白马,则"唯白马独可以应耳"。马之名的外延,与白马之名的外延,各不相同,所以"白马非马"。

第三点是:"马固有色,故有白马。使马无色,有马如已耳,安取白马?故白者,非马也。白马者,马与白也,马与白马也?故曰:白马非马也。"这是就马之共相,白之共相,白马之共相说。马之共相,只是一切马所共有底性质,其中并没有颜色的性质。它只是马 as such。此所谓有马如已耳。(原文作"如已耳","已"似当作"己"。)马之共相,则是一切马所共有底性质,又加白的性质,所以"白马非马"。

不但白马非马,而且白马亦非白。《白马论》说:"白者,不定所白,忘之而可也。白马者,言白定所白也。定所白者,非白也。"此白物或彼白物所表现底白,是定所白底白。定是决定的意思。此白物所表现的白,为此白物所决定。彼白物所表现底白,为彼白物所决定。白之共相，亦可以说是"白如己耳"，不为彼白物所决定，亦不为此白物所决定。它是"不定所白"底白。"不定所白"底白，不为一般人所注意。一般人不注意"不定所白"底白，于其日常生活，亦无影响，所谓"忘之而可也"。然"定所白"底白，不是"不定所白"底白。白马的白，是"定所白"底白。"定所白者非白也"，所以白马非马。

公孙龙又有《坚白论》。《坚白论》的主要立论是"离坚白"。他所用以证明他的立论底辩论有二点。先就第一点说。《坚白论》说："坚、白、石三，可乎？曰：不可。曰：二，可乎？曰：可。曰：何哉？曰：无坚得白，其举也二；无白得坚，其举也二。""视不得其所坚，而得其所白者，无坚也。拊不得其所白，而得其所坚者。得其坚也，无白也。""得其白，得其坚。见（此"见"字据俞樾校补）与不见离。——不相盈故离。离也者，藏也。"这是从知识论方面证明坚白是离底。有一坚白石，以目视之，则只得其所白，只得一白石。以手拊之，则只得其所坚，只得一坚石。感觉白时不能感觉坚，感觉坚时不能感觉白。此所谓"见与不见"。此可见"见与不见离"。就知识论说，只有坚石，只有白石，没有坚白石。所以坚、白、石三不可；坚、白、石，二可。坚、石，是二；白、石亦是二。此所谓"——不相盈故离"。"不相盈"是说：坚之中无白，白之中无坚。

就第二点说，《坚白论》说："物白焉，不定其所白，物坚焉，不定其所坚。不定者兼，恶乎其（原作甚，依陈澧校改）石也？""坚未与石为坚而物兼。未与物为坚而坚必坚。其不坚石物而坚，天下未有若坚而坚藏。白固不能自白，恶能白石物乎？若白者必白，则不白物而白焉。黄黑与之然。石其无有，恶取坚白石乎？故离也。离也者，因是。"这是从形上学方面证明坚白是与石离底。坚之共相是不定所坚底坚。白之共相，是不定所白底白。不定所白底白，不定所坚底坚，可为一切白物或一切坚物所共同表现，怎么能说是在石之内？此所谓"不定者兼，恶乎其石也"。坚不必实现于坚石，可以实现于任何坚物。纵使没有任何坚物，而坚还是坚。不过若天下无坚石或任何坚物，则坚虽必坚而不能实现。此所谓"其不坚石物而坚，天下未有若坚而坚藏"。不定所白之白能自白。盖假使白而不能自白，它怎么能使石与物白？若白能自白，则不必借他物而亦自白。黄黑各色，皆是如此。白可无石而自白，何必待坚白石？此可见坚白是与石离底。

公孙龙又有《指物论》。《指物论》的主要立论是："物莫非指，而指非指。"物是与指相对底。公孙龙云："天地与其所产焉，物也。物以物其所物，而不过焉，实也。实以实其所实，而不旷焉，位也。"（《公孙龙子·名实论》）用现在西洋哲学中底话说，物就是在时空中占地位底个体。指是共相，物是个体。物可以分析为若干共相。它是若干共相联合而成底。但共相则不可复分析为共相。故曰："物莫非指，而指非指。"每一个共相，只是一个共相，一一分离，此所谓"天下皆独而正"（《公孙龙子·坚白论》）。

公孙龙于是发现了一个超乎形象底世界，凡名所指底共相都在其中。而在其中底共相，却未必皆有名以指之。在此世界中，坚就是坚，白就是白，马就是马，白马就是白马，"皆独而正"。此中底坚，是不定所坚底坚；此中底白，是不定所白底白。不过，白若不定所白，坚若不定所坚，则坚白是不可实现底。这就是说，它不能成为形象。《坚白论》说："其不坚石物而坚，天下未有若坚而坚藏。""不坚石物"底坚，就是"不定所坚"底坚。形象世界中，若没有具体底坚，但不能说是没有坚。此所谓"坚藏"。其藏是自藏，非有藏之者。《坚白论》说："有自藏也，非藏而藏也。"在这个超乎形象底世界中，"藏"有所有底共相，这就是宋儒所谓"冲漠无朕，万象森然"。"冲漠无朕"言其超乎形象，"万象森然"言其应有尽有。

这是名家对于中国哲学底贡献。他们从批评形象以得到超乎形象。惠施从"天地一体"推到"泛爱万物"。公孙龙"欲推是辩以正名实，而化天下"（《公孙龙子·迹府》）。他们自以为也是讲"内圣外王之道"。不过我们可以说，他们尚未能充分利用他们的对于超乎形象者底知识，以得到一种生活。

道家是反对名家底。但他们反对名家，是超过名家，并不是与名家立于同一层次而反对之。《墨经》与荀子反对名家，是与名家立于同一层次而反对之。道家则是超过名家。道家是经过了名家对于形象世界底批评，而又超过了这些批评，以得一种"极高明"底生活。名家的对于形象世界底批评，对于道家底功用，是如所谓筌蹄。"得鱼忘筌，得兔忘蹄。""兔死狗烹，鸟尽弓藏。""过河拆桥"是大不道德底事。但讲哲学则非如此不足以达到"玄之又玄"的标准。

[原载冯友兰：《新原道（一名中国哲学之精神）》，商务印书馆1945年版]

钱穆：惠学钩沉

1895—1990

"流落人间者，泰山一毫芒"，"惠施多方，其书五车"，今可得而征者，唯历物十句，则亦惠氏一毫芒也。余读《庄子》、《吕览》，惠氏之遗文佚事，往往有见。既为之作传略，复比论其学术条贯，俾研惠学者，资豹窥焉。

一曰尚用

惠子墨徒也，墨学主用，惠子亦然。

惠子谓庄子曰："魏王遗我大瓠之种，我树之成，而实五石。以盛水浆，其坚不能自举。剖之以为瓢，则瓠落无所容。非不呺然大也，吾为其无用而掊之。"（《庄子·逍遥游》）

又曰："吾有大樗……臃肿不中绳墨。枝卷曲不中规矩。立之涂，匠者不顾。今子之言，大而无用，众所同去也。"（同上）

又惠子谓庄子曰："子言无用。"（《庄子·外物》）

惠之不满于庄者，曰其无用，则惠子论学之主用可知。然惠子好辩，人之论惠子，亦常以其文辩无用讥之。

惠子为魏惠王为法……以示翟翦。翦曰：善也……不可。今举大木者，前乎舆谔，后亦应之，此其于举大木者善矣。岂无郑卫之音哉，然不若此其宜也。夫国亦木之大者也。（《吕氏·淫辞》）

白圭谓魏王曰："市丘之鼎，以烹鸡。多洎之前淡而不可食，少洎之，则焦而不熟。视之蠵焉美，无所可用。惠子之言似于此。"惠子闻之，曰："不然。使三军饥而居鼎旁，适为之甑，则莫宜于此鼎矣。"（《吕氏·应言》）

由天地之道，观惠施之能，其犹一蚊一虻之劳者也，其于物也何庸？（《庄子·天下》）

二曰重功

孟子有志功之辨（《滕文公》彭更问一节），墨家亦曰："志功不可以相从。"（《墨子·大取》）凡尚用者率重功。

庄子曰："射者非前期而中，谓之善射，天下皆羿也，可乎？"惠子曰："可。"（《庄子·徐无鬼》）

射者苟中,则许之为善射,此重功之见也。

三曰勤力

尚用重功,则不得不勤力。墨之道:"日夜不休,以自苦为极,曰,不能如此,非禹之道也,不足为墨。"(《庄子·天下》篇)惠施亦然。唯墨翟苦行,施则深思,此其异。

庄子谓惠子曰:"孔子行年六十而六十化,始时所是,卒而非之。未知今之所谓是之非五十九非也?"惠子曰:"孔子勤志服知也。"庄子曰:"孔子谢之矣。而其未之尝言。"(《庄子·寓言》)

"仁者见仁,知者见知。"惠施意,今之所知,则今日是之,斯可矣,不论其始卒也。

昭文之鼓琴也,师旷之枝策也,惠子之据梧也,三子之知几乎,皆其盛者也,故载之末年。唯其好之也,以异于彼其好之也,欲以明之彼。非所明而明之,故以坚白之昧终。(《庄子·齐物论》)

庄子曰:"今子(惠子)外乎子之神,劳乎子之精,倚树而吟,据槁梧而瞑。天选子之形,子以坚白鸣。"(《庄子·德充符》)

夫充一尚可,曰愈贵道,几矣。惠施不能以此自宁,散于万物

而不厌，卒以善辩为名。惜乎！惠施之才，骀荡而不得，逐万物而不反，是穷响以声，形与影竞走也，悲夫！（《庄子·天下》）

惠子之"外神劳精"，犹夫墨子之"摩顶放踵"也。"非所明而明之，以坚白之昧终"，则犹宋钘、尹文之"上说下教，强聒而不舍"也。"不能自宁，逐万物而不反"，此墨、惠之同风也。

四曰明权

尚用重功，不徒勤于力，又将明于权。墨家屡言之，曰："利之中取大，害之中取小。"（《大取》篇）又曰："欲正权利，恶正权害。"（《经上》）皆权也。

匡章谓惠子曰："公之学去尊，今又王齐王，何其倒也？"惠子曰："今有人于此，欲必击其爱子之头，石可以代之。子头所重也，石所轻也。击其所轻，以免其所重，岂不可哉？齐之所以用兵不休，攻击人不止者……大者可以王，其次可以霸也……今可以王齐王，而寿黔首之命，免民之死，是以石代爱子头，何为不为？"（《吕氏·爱类》）

此惠子用权之大者。

五曰本爱

凡所为尚用重功勤力而明权,皆有所本,曰本之于爱。墨翟唱兼爱之说,惠施亦曰"泛爱万物"焉。

惠子谓庄子曰:"人故无情乎?"庄子曰:"然。"惠子曰:"人而无情,何以谓之人?"庄子曰:"道与之貌,天与之形,恶得不谓之人?"惠子曰:"既谓之人,恶得无情?"庄子曰:"是非吾所谓情也。吾所谓无情者,言人之不以好恶内伤其身,常因自然而不益生也。"惠子曰:"不益生,何以有其身?"庄子曰:"道与之貌,天与之形,无以好恶内伤其身。"(《庄子·德充符》)

惠子之学本于爱,故主有情,又当有为以益生。

庄子妻死,惠施吊之,庄子则方箕踞鼓盆而歌。惠子曰:"与人居,长子老身,死不哭,亦足矣,又鼓盆而歌,不亦甚乎!"(《庄子·至乐》)

惠子之责庄子,亦责其无情也。

六曰去尊

墨家之爱无差等，惠施亦曰"天地一体"，故主平等而去尊。

匡章谓惠施曰："公之学去尊。"（《吕氏·爱类》）

七曰偃兵

主兼爱，因及非攻寝兵，又墨、惠之所同。

魏莹与田侯牟约。田侯牟背之，魏莹怒，将使人刺之。犀首公孙衍闻而耻之，曰："……衍请……为君攻之。"季子闻之曰："兵不起七年矣，此王之基也。衍乱人，不可听也。"华子闻而丑之曰："善言伐齐者，乱人也。善言勿伐者，亦乱人也。谓伐之与不伐乱人也者，又乱人也。"曰："然则若何？"曰："君求其道而已矣。"惠子闻之而见戴晋人。戴晋人以蛮触喻。（《庄子·则阳》）

释文司马云："田侯，齐威王也。"俞樾云："史记威王名因齐，田齐诸君无名牟者。唯桓公名午，与'牟'字相似，'牟'或'午'之讹。然齐桓公午与梁惠王又不相值也。"今按：田桓公与梁惠王年实相值，唯当惠王之初年，其时惠施尚未至魏，魏亦未都大梁。戴晋人以大梁为言，则在魏徙都之后，而田桓公已死矣。且犀首在魏用事，亦在惠王中世，田侯牟之名必有误。戴晋人为人，他亦无可考，其事信否不可知。然惠施平日持论，主寝兵息争，则即此亦堪推见。

八曰辨物

墨、惠之学有其同，亦有其异。本于爱而主尚用重功，而言非攻寝兵，其同也。其论所以有爱则异。墨本天志，而惠则辨物。故曰："天地一体，泛爱万物也。"其所以泛爱万物，由于天地本属一体。此惠施持论所以异于墨翟，亦惠施学说特创之点，最为其精神之所在也。

惠施以此为大，观于天下而晓辩者。(《庄子·天下》)

南方有倚人焉曰黄缭，问天地所以不坠不陷风雨雷霆之故，惠施不辞而应，不虑而对，遍为万物说，说而不休，多而无已。(同上)

历物之意，已具别释，至其"遍为万物说"者，今已不可见。盖尝论之，古之持论者，或本于天帝，或溯之古圣贤王，或内反之于己心，或以时王政令法度为断，或归之于群事。至寻诸自然，索诸物理，则孔、墨、李克、吴起、孟轲、宋钘、许行、陈仲之徒所未道，其风实始于惠氏，而庄周则同时之闻风兴起者也。故曰：

弱于德，强于物。（《庄子·天下》）
散于万物而不厌。（同上）
逐万物而不反。（同上）

此惠氏之风所由卓也。

庄子与惠子游于濠梁之上，庄子曰："鲦鱼出游从容，是鱼之乐也。"惠子曰："子非鱼，安知鱼之乐？"庄子曰："子非我，安知我不知鱼之乐？"惠子曰："我非子，固不知子矣。子固非鱼也，子之不知鱼之乐全矣。"庄子曰："请循其本。子曰'汝安知鱼乐'云者，既已知我知之而问我，我知之濠上也。"（《庄子·秋水》）

濠梁之辩，千古胜话，虽二贤闲游，机锋偶凑，非关理要，而即此推寻，亦有可得而论者。惠别物以辨异，庄即心以会通，此二子之殊也。惠子思深刻镂，文理密察，正与其平日持论大类。而庄则活泼天机，荒唐曼衍，无畔岸，无町畦，亦其大体然也。

庄书持论，多与惠施相出入。曰："至精无形，至大不可围。"（《秋水》）又曰："精至于无形，大至于不可围。"（《则阳》）此惠氏大一小一之说也。曰:"六合为巨,未离其内。秋毫为小,待之成体。"(《知北游》)又曰:"天地为稊米,毫末为丘山。"(《秋水》)此惠氏天地卑山泽平,无厚之大千里之说也。曰:"时无止,终始无故。"(《秋水》)曰:"效物而动,日夜无隙。"(《田子方》)此惠氏日方中方睨,物方生方死之说也。曰:"自其异者视之,肝胆楚越也;自其同者视之,万物皆一也。"(《德充符》)此惠氏万物毕同毕异之说也。曰:"天地与我并生,万物与我为一。"(《齐物论》)此惠氏天地一体之说也。曰:"未成乎心而有是非,是今日适越而昔至也。"又曰:"方生方死,方死方生,方可方不可,方不可方可。"(均《齐物论》)此则明引惠语。其他可比附相通者,更仆数不能尽。宜乎惠子死,庄周有"无以为质"之叹矣。今观庄周书,皆极论万物,天地山泽,鲲鹏蜩鸠,樗栎大椿,瓦砾矢溺,莫不因物以为说,本物以见旨,此惠氏历物之风也。唯庄主无情,惠主有情。庄主不益生,惠主益生。故惠承墨家之遗绪,庄开老聃之先声。同为自然物论之大宗,创一时风气,辟积古拘囿,岂不豪杰之士哉!《庄子·天下》篇盛诋惠子,此韩退之所谓"两家子弟材智下,不能通知二父志"也。

九曰正名

辨于物,则知名相之繁赜,而言思之不精,于是而主正名,此亦惠学之本干，所由成其一家言者也。

> 惠子之据梧也，……以坚白之昧终。（《庄子·齐物论》）
> 天选子之形，子以坚白鸣。（《庄子·德充符》）

坚白之辩，惠施唱之，而公孙龙之徒承之。

惠施以此为大，观于天下而晓辩者，"天下之辩者相与乐之……以与惠施相应，终身无穷。"（《庄子·天下》）

凡当时之辩者，其先皆源于惠氏也。

《庄子》书多与惠说相通，已具前论。余读其《齐物论》一篇，称引所及，颇涉公孙龙，如云："以指喻指之非指，不若以非指喻指之非指也。以马喻马之非马，不若以非马喻马之非马也。天地一指也，万物一马也。"《公孙龙子》有《指物论》，谓："物莫非指而指非指"，此以指非指之说也。又有《白马论》，言"白马非马"，此以马非马之说也。《齐物论》又云："恶乎然，然于然，恶乎不然，不然于不然。物固有所然，物固有所可，无物不然，无物不可。故为是举莛与楹，厉与西施，恢诡憰怪，道通为一。"又曰："类与不类，相与为类。"此公孙龙《通变论》之说也。篇中屡言"因是"，亦见公孙龙书。考庄周之卒，公孙龙方盛年，未必龙书先成。窃疑公孙龙诸辩，在庄周时皆已有之，皆惠施开其端，如坚白之论是也。宋元王时有儿说，采白马非马之论，余考其人在施、龙间，知白马非马一题亦不始公孙龙。推此为言，辩者论题，实相传递挹注，如墨家初传"天志"、"明鬼"、"兼爱"、"非攻"、"尚贤"、"尚同"诸题，亦师师相授，先后一贯不废失，故墨徒虽盛，而墨书不多。名源于墨，两家精神亦复相肖似。《天下》篇称惠书五车，《汉志》仅存一篇，公孙龙独有十四篇，或者论题相续，后来居上，公孙之说行，而惠氏之说废，其间有消息之道与？许行、慎到皆主齐物，今庄周《齐物论》行，许、慎之说皆废矣。此岂不一好证哉？文献不足，无可确论，要之辩者言原惠氏，则断断无疑。

晋时汲郡人发魏襄王冢，得古书，有《名》、《琐语》、《缴书》等。《名》即名家书。惠施为魏相，其书或亦尊藏为官书，与草野著述不同。魏冢之《名》书，其殆为惠氏之遗书耶？

十曰善譬

惠施论泛爱、去尊、偃兵，此承乎前以为统者也。其辨物、正名，此建乎己以成家者也。"辨物"、"正名"为其体，而"善譬"为之用。

客谓梁王曰:"惠子之言事也善譬,王使无譬,则不能言矣。"王因谓惠子曰:"愿先生言事直言无譬也。"

惠子曰:"今有……不知弹者,曰弹之状如弹,则喻乎?"曰:"未也。"曰:"弹之状如弓,而以竹为弦,则知乎?"曰:"知矣。"惠子曰:"夫说者固以所知喻其所不知而使人知之,今王曰无譬,则不可矣。"王曰:"善。"(《说苑·善说》)

凡辩者之论,皆有所譬。

山渊平,天地比,齐、秦袭,入乎耳,出乎口,钩有须,卵有毛,是说之难持者也,而惠、施、邓析能之。然而君子不贵者,非礼义之中也。(《荀子·不苟》)

惠子蔽于辞而不知实。(《荀子·解蔽》)

儒者言有坛宇,行有坊表,其言在于先王礼乐。惠子逐万物以为辩,钩有须,卵有毛,宜乎其见讥也。然遂谓之"诱其名,眩其辞,而无深于其志义"(语见《荀子·正名》),此在辩者之末流容有之,惠氏之辩,不尽尔也。儒以诗礼发冢,岂得谓六经乃椎埋书哉?

庄子寓言亦其类。庄子之寓言,犹惠子之用譬也。然庄书传世日远，而名家言多消歇不见诵者，即以文字言之，亦自有故。庄子曰："寓言十九，重言十七，卮言日出，和以天倪。"（《寓言》）此庄周自述其著作之大例也。卮言曼衍，日出无穷，荒唐谬悠，亦足可喜；而名家如惠子历物，公孙五论，以及《墨经》说上下诸，皆洁净精微，枝叶尽伐，此不如者一也。重言者艾，经纬本末，上道黄帝、尧舜，下亦孔丘、老聃，皆一世所尊仰；名家唯有狗马龟蛇，此又不敌者二也。兼此两端，庄生遂以寓言见称，名家以善譬受斥矣。则甚矣文之不可以已也。

惠氏一家之学，具兹十事，虽不能备，固当粗见涯略耳。

（原载钱穆:《墨子惠施公孙龙》，九州出版社2011年版）

國合大學

第七篇 阴阳五行
阴阳家三讲

1937—1946

1937—1946

吴晗：驺衍的历史哲学

一、驺衍事迹

《史记·孟子荀卿列传》：

驺衍后孟子。驺衍睹有国者益淫侈，不能尚德，若大雅整之于身，施及黎庶矣。乃深观阴阳消息而作怪迂之变，终始大圣之篇，十余万言……然要其归，必止乎仁义节俭，君臣上下六亲之施。始也滥耳。王公大人初见其术，惧然顾化，其后不能行之。是以驺子重于齐。适梁，惠王郊迎，执宾主之礼。适赵，平原君侧行撇席。如燕，昭王拥彗先驱，请列弟子之座而受业，筑碣石宫，身亲往师之。作主运。其游诸侯，见尊礼如此！

《史记·平原君虞卿列传》：

平原君厚待公孙龙，公孙龙善为坚白之辩。及驺衍过赵，言至道，乃绌公孙龙。

驺衍之时代，颇不清晰。据适之师考证，大约与公孙龙同时，当在公元前 320 年至前 250 年左右。

二、超过时代的世界地理观

驺衍之学为齐学。齐地滨海，与国外交通独早，齐人较多新异见闻。稷下谈风独盛，辗转传衍遂流于荒诞。驺衍承受此风气，益以自己之类推，由近及远，由已知推未知，对于世界的观念，超时代地将其扩大百倍，《史记》言其所用方法云：

其语闳大不经，必先验小物，推而大之，至于无垠。先序今以上至黄帝，学者所共术，大并世盛衰，因载其礼祥度制，推而远之，至天地未生，窈冥不可考而原也。（《史记·孟子荀卿列传》）

由是以所知中国地理，推而及于世界，创大九洲说：

先列中国名山大川，通谷禽兽，水土所殖，物类所珍；因而推之，及海外人之所不能睹。

以为儒者所谓中国者，于天下乃八十一分居其一分耳。中国名曰赤县神州。赤县神州内自有九州，禹之序九州是也，不得为州数，中国外如赤县神州者九，乃所谓九州也。于是有裨海环之，人

民禽兽莫能相通者；如一区中者，乃为一州。如此者九，乃有大瀛海环其外，天地之际焉。(《史记·孟子荀卿列传》)

极想象之能事，打破古代人——或至19世纪——以中国为天下的隘狭自封的地理观念。

三、五行说与宇宙论

在同一出发点，驺衍企图求出历史进展的定律，对于宇宙系统下一新解释。

在驺衍以前，也曾有人用几个元素来肯定宇宙的组成。我们所知道的有秦国的白黄青赤四帝祠，《左传》所载水火金木土谷的六府，驺衍根据这些思想，综合成五行说；《荀子·非十二子》篇介绍五行说之由来云：

略法先王而不知其统，犹然而材剧志大，闻见杂博，案往旧造说，谓之五行。

所谓五行，《洪范》曰：

一曰水，二曰火，三曰木，四曰金，五曰土。水曰润下，火曰炎上，木曰曲直，金曰从革，土爰稼穑。润下作咸，炎上作苦，曲直作酸，从革作辛，稼穑作甘。

由五行的五种物质元素，各有特殊的个性，生出五味，更由此而生五事，五官，五德：

一曰貌，二曰言，三曰视，四曰听，五曰思。貌曰恭，言曰从，视曰明，听曰聪，思曰睿。恭作肃，从作乂，明作哲，聪作谋，睿作圣。(《洪范》)

五庶征，五休征，五咎征：

曰雨，曰旸，曰燠，曰寒，曰风，曰时。五者来备，各以其叙，庶草蕃庑。一极备凶，一极无凶，曰休征：曰肃时雨若，曰乂时旸若，曰哲时燠若，曰谋时寒若，曰圣时风若。曰咎征，曰狂恒雨若，曰僭恒旸若，曰豫恒燠若，曰急恒寒若，曰蒙恒风若。(《洪范》)

《礼记·月令》更以五行分配于四季，在一年之四季中，各有其盛，以此规定每月天子所居定处，所衣定色，所食定味，所行政事，每月之帝，每月之神……而宇宙以成，国家以立。

《洪范》、《月令》俱为战国时书，与驺衍多少有关系。前此人但用五行说以解释宇宙，解释自然界，到了驺衍则更进一步，用以解释历史的进展，这在阴阳家的系统上，不能不说是一个大进步。

四、五德转移说——机械史观

驺衍始创为五德转移说，《史记》云：

驺衍……称引天地剖判以来，五德转移，治各有宜，而符应若兹……作主运。（《孟子荀卿列传》）

《主运》书之内容，《史记集解》引如淳注：

今其书有主运，五行相次转用事，随方面为服。

所著又有《五德终始》，《集解》又引如淳注：

今其书有五德终始，五德各以所胜为行。

又《文选·魏都赋》注引《七略》曰：

驺子终始五德，从所不胜；土德后木德继之，金德次之，火德次之，水德次之。

所谓五德转移的意义是五行以次循环，以次用事，终而复始，每一新朝必须据有一行之德，随五行循环，随其用事，随其服色每易一行，必易一朝，每易一朝，必易一行，终而复始。其次序为土、木、金、火、水，相次转移。其相次的次序，以五行相胜的原理为定。因为木克土，故木继土后，金克木，故金继木后，火克金故火继金后，水又克火，故水又继火后，土克水，于是又一循环，无有止息。因此，新朝之起必因前朝之德衰，新朝所据之德必为前朝所不胜之德。且新朝之兴，其先必有祥瑞为之预示，《吕氏春秋·应同》篇云：

凡帝王者之将兴也，天必先见祥乎下民。黄帝之时，天先见大螾大蝼。黄帝曰："土气胜！"土气胜，故其色尚黄，其事则土。及禹之时，天先见草木秋冬不杀。禹曰："木气胜！"木气胜，故其色尚青，其事则木。及汤之时，天先见金刃生于水，汤曰："金气胜！"金气胜，故其色尚白，其事则金。及文王时，天先见火，赤乌衔丹书集于周社。文王曰："火气胜！"火气胜，故其色尚赤，其事则火。

《文选》李善注引《驺子》云：

五德从所不胜，虞土，夏木，殷金，周火。（沈休文《故安陆昭王碑文》注引）

由此，我们知道驺衍所持的历史解释，第一种是从黄帝推上去的，推到"天地未至，窈冥不可考而原也"。第二种是从黄帝推下来的，据上引二种史料，第二种分代又有两种分法，第一种是：

黄帝——夏——殷——周

第二种是：

虞——夏——殷——周

他用五德转移之说，说明各代的符应及其为治之宜，他的目的是在用此说以警惧当世王公，不幸不但没有效果，并且为后世种了恶因，他的影响可以说一直到现代。《史记·封禅书》云：

自齐威宣之时，驺子之徒论著终始五德之运。及秦帝而齐人奏之，故始皇采用之……驺衍以阴阳主运显于诸侯，而燕齐海上之方士传其术不能通。然则怪迂阿谀苟合之徒自此兴,不可胜数也。

(原载《清华周刊》第 39 卷第 8 期,
1933 年 5 月。标题为编者所加)

1891—1962

胡适：阴阳家——齐学的正统

战国的晚期，齐国成为学术思想的一个重镇。《史记》说：

宣王（齐宣王的年代颇有疑问。依《史记·六国表》，当公元前342—前324年。依《资治通鉴》，当公元前332—前314年）喜文学游说之士，自如驺衍、淳于髡、田骈、接子、慎到、环渊之徒七十六人，皆赐列第，为上大夫，不治而议论。是以齐稷下学士复盛，且数百千人。（《史记》四六）

《史记》的《孟子荀卿列传》里也说：

自驺衍与齐之稷下先生，如淳于髡、慎到、环渊、接子、田骈、驺奭之徒，各著书言治乱之事，以干世主，岂可胜道哉？（《史记》七四）

齐有三驺子。其前驺忌，以鼓琴干威王，因及国政，封为成侯，而受相印，先孟子。

其次驺衍，后孟子。……驺奭者，齐诸驺子，亦颇采驺衍之术以纪文。

于是齐王嘉之，自如淳于髡以下，皆命曰列大夫，为开第康庄之衢，高门大屋，尊宠之，览天下诸侯宾客，言齐能致天下贤士也。（同上）

《史记》记齐国的事，最杂乱无条理，大概是因为史料散失的缘故。《孟子荀卿列传》更杂乱不易读。但"稷下"的先生们，似乎确有这么一回事；虽然不一定有"数百千人"的数目，大概当时曾有一番盛况，故留下"稷下先生"的传说。（彭更问孟子："后车数十乘，从者数百人，以传食于诸侯，不以泰乎？"此可见稷下"数百千人"也不是不可能的事。）我们可以说，公元前4世纪的晚年，齐国因君主的提倡，召集了许多思想家，"不治而议论"，造成了稷下讲学的风气。（稷下有种种解说：或说稷是城门，或说是山名。）稷下的先生们不全是齐人，但这种遗风便造成了"齐学"的历史背景。

司马迁说：

齐带山海，膏壤千里，宜桑麻，人民多文彩布帛鱼盐。……其俗宽缓阔达而足智，好议论。（《史记》一二九）

班固引刘向、朱赣诸人之说，也道：

太公以齐地负海舄卤，少五谷而人民寡，乃劝以女工之业，通鱼盐之利，而人物辐凑。……其俗弥侈，织作冰纨绮绣纯丽之物，号为"冠带衣履天下"。……至今其土（士？）多好经术，矜功名，舒缓阔达而足智。其失夸奢朋党，言与行缪，虚诈不情。（《汉书》二八）

这个民族有迂缓阔达而好议论的风气，有足智的长处，又有夸大虚诈的短处。足智而好议论，故其人勇于思想，勇于想象，能发新奇的议论。迂远而夸大，故他们的想象力往往不受理智的制裁，遂容易造成许多怪异而不近情实的议论。《庄子》里说："齐谐者，志怪者也。"孟子驳咸丘蒙道："此非君子之言，齐东野人之语也。"可见齐人的夸诞是当时人公认的。这便是"齐学"的民族的背景。

齐民族自古以来有"八神将"的崇拜，《史记·封禅书》说得很详细。八神将是：

一、天主　二、地主　三、兵主　四、阴主

五、阳主　六、月主　七、日主　八、四时主这个宗教本是初民拜物拜自然的迷信，稍稍加上一点组织，便成了天地日月阴阳四时兵的系统了。试看天主祠在"天齐"，天齐是临淄的一个泉水，有五泉并出，民间以为这是天的脐眼，故尊为"天脐"。这里还可见初民的迷信状态。拜天的脐眼，和拜"阴主、阳主"，同属于初民崇拜生殖器的迷信。由男女而推想到天地日月，以天配地，以日配月，都成了男女夫妇的关系。再进一步，便是从男女的关系上推想出"阴"、"阳"两种势力来。阴阳的信仰起于齐民族，后来经过齐鲁儒生和燕齐方士的改变和宣传，便成了中国中古思想的一个中心思想。这也是齐学的民族的背景。

梁启超先生曾说：

《仪礼》全书中无阴阳二字，其他三经（《诗》、《书》、《易》之卦辞爻辞）所有……"阴"字……皆用云覆日之义，……或覆蔽之引申义。……其"阳"字皆……以阳为日，……或用向日和暖之引申义。（《阴阳五行说之来历》,《饮冰室文集》卷六十七）

他又指出,《老子》中只有"负阴而抱阳"一句;《彖传》、《象传》里也只有一个阴字，一个阳字。他又说：

至《系辞》、《说卦》、《文言》诸传，则言之较多。诸传……中

多有"子曰"字样，论体例应为七十子后学者所记也。（同上）

他的结论是：

春秋战国以前所谓"阴阳"，所谓"五行"，其语甚希见，其义极平淡。且此二事从未尝并为一谈。诸经及孔老墨孟荀韩诸大哲皆未尝齿及。然则造此邪说以惑世诬民者，谁耶？其始盖起于燕齐方士，而其建设之，传播之，宜负罪责者三人焉……曰驺衍，曰董仲舒，曰刘向。（同上）

梁先生的结论是大致不错的。阴阳的崇拜是齐民族的古宗教的一部分。五行之说大概是古代民间常识里的一个观念。古印度人有地、水、火、风，名为"四大"。古希腊人也认水、火、土、气为四种原质。五行是水火金木土，大概是中国民族所认为五种原质的。《墨子·经下》有"五行毋常胜，说在宜"一条，而《荀子·非十二子》篇批评子思、孟轲道：

案往旧造说，谓之五行，甚僻违而无类，幽隐而无说，闭约而无解。案（乃）饰其辞而只敬之曰，"此真先君子之言也"。子思唱之，孟轲和之。

今所传子思、孟轲的文字中，没有谈五行的话。但当时人既说是"案往旧造说"，可见五行之说是民间旧说，初为智识阶级所轻视，后虽偶有邹鲁儒生提出五行之说，终为荀卿所讥弹。但这个观念到了"齐学"大师的手里，和阴阳的观念结合成一个系统，用来解释宇宙，范围历史，整理常识，笼罩人生，从此便成了中古思想的绝大柱石了。

齐学的最伟大的建立者，自然要算驺衍。他的生平事实，古书记载甚少。《史记》所记，多不甚可信。如说"驺衍后孟子"，又说他是齐宣王时人，又说：

> 驺子重于齐。适梁，惠王郊迎，执宾主之礼。适赵，平原君侧行襒（拂）席。如燕，昭王拥彗先驱，请列弟子之座而受业，筑碣石宫，身亲往师之。（《史记》七四）

他若是齐宣王、梁惠王同时的人，便不在孟子之后了，况且梁惠王死于公元前335年（此依《史记》，《通鉴》改为公元前319年），齐宣王死于公元前324年（此依《史记》，《通鉴》作公元前314年），燕昭王在位年代为公元前311年至前279年，而平原君第一次做相在公元前298年，死在公元前251年（均依《史记》）。《史记·平原君传》说驺衍过赵在信陵君破秦救赵（公元前257年）之后，那时梁惠王已死七十八年了，齐宣王也已死六十七年了（《史记集解》引刘向《别录》也说驺衍过赵见平原君及公孙龙）。《史记·封禅书》又说："自齐威宣之时，驺子之徒论著终始五德之运。"这便是把他更提到宣王以前的威王时代了。威王死于公元前333年，与梁惠王同时。驺衍若与梁惠王同时，决不能在公元前3世纪中叶见平原君。

《史记》所以有这样大矛盾者，一是因为《史记》往往采用战国策士信口开河的议论作史料；二是因为《史记》有后人妄加的部分；三是因为齐国有三个驺子，而驺衍的名声最大，故往往顶替了其余二驺子的事实。驺忌相齐威王，驺衍在其后，大概当齐宣王湣王的时代。湣王（《史记》，当公元前323—前284年。依《通鉴》，当公元前313—前284年）与燕昭王同时，驺衍此时去齐往燕（《战国策》二九记燕昭王师事郭隗，而"驺衍自齐往"），也是可能的事。平原君此时已做赵相（公元前298年），故他见平原君也是可能的事，但决不能在信陵君救赵（公元前257年）之后。他和孟子先后同时，而年岁稍晚。他的年代约当公元前350—前280年。（此是我修正《古代哲学史》第304页的旧说。）

《史记》说：

驺衍睹有国者益淫侈，不能尚德，若《大雅》整之于身，施及黎庶矣。乃深观阴阳消息而作怪迂之变，《终始》、《大圣》之篇，十余万言。

这是他著书的动机。他要使有国的人知所警戒，先《大雅》"整之于身"，然后可以恩及百姓。所以《史记》下文又说，"然要其归，必止乎仁义节俭，君臣上下六亲之施"。他要达到这个目的，故利用当时民间的种种知识，种种信仰，用他的想象力，组成一个伟大的系统："其语闳大不经，必先验小物，推而大之，至于无垠。"这是他的方法，其实只是一种"类推"法，从小物推到无垠，从今世推到古代：

先序今以上至黄帝，学者所共术。大（大似是张大之意）并世盛衰，因载其礼祥度制，推而远之，至天地未生，窈冥不可考而原也。先列中国名山大川通谷，禽兽，水土所殖，物类所珍，因而推之，及海外人之所不能睹。

这就是"类推"的方法。从"并世"推到天地未生时，是类推的历史；从中国推到海外，是类推的地理。

驺衍的地理颇有惊人的见解。他说：

儒者所谓中国者，于天下乃八十一分居其一分耳。中国名曰赤县神州，赤县神州内自有九州。禹之序九州是也。不得为"州"数。中国外，如赤县神州者九，乃所谓九州也。于是有裨海（小海）环之，人民禽兽莫能相通者（以字衍）如一区中者，乃为一州。如此者九，乃有大瀛海环其外，天地之际焉。（参看桓宽《盐铁论·论邹》篇，及王充《论衡·谈天》篇）

这种伟大的想象，只有齐东海上的人能做。我们看这种议论，不能不敬叹齐学的伟大。

他的历史学其实是一种很"怪迂"的历史哲学。如上文所引，他先张大"并世盛衰，因载其禨祥（禨祥即是吉凶、祸福）度制"。这里虽不曾明说盛衰和禨祥度制有连带关系，但我们可以揣想驺衍本意大概是这样的。因为《史记》下文又说他：

称引天地剖判以来，五德转移，治各有宜，而符应若兹。（以上均见《史记》七四）

这便是他的"五德终始论"，又叫作"大圣终始之运"（见《盐铁论》五三）。他的十余万言，现在都不传了。但刘歆《七略》说：

驺子有终始五德，从所不胜，土德后，木德继之，金德次之，

火德次之，水德次之。（引见《文选·魏都赋》注）

《吕氏春秋·应同》篇也有这种学说：

凡帝王者之将兴也，天必先见祥乎下民。黄帝之时，天先见大螾（蚯蚓）大蝼（蝼蛄）。黄帝曰："土气胜！"土气胜，故其色尚黄，其事则土。及禹之时，天先见草木秋冬不杀。禹曰："木气胜！"木气胜，故其色尚青，其事则木。及汤之时，天先见金刃生于水。汤曰："金气胜！"金气胜，故其色尚白，其事则金。及文王之时，天先见火，赤乌衔丹书集于周社。文王曰："火气胜！"火气胜，故其色尚赤，其事则火。代火者，必将水。天且先见水气胜，水气胜，故其色尚黑，其事则水。水气至而不知，数备将徙于土。

这个"土—木—金—火—水"的系统便是驺衍的五德终始论。后来秦始皇统一天下，便采用这种思想。《史记》说：

始皇推终始五德之传，以为周得火德，秦代周，德从所不胜。方今水德之始，改年始，朝贺皆自十月朔。衣服旄旌节旗皆上黑。数以六为纪，符、法冠皆六寸，而舆六尺，六尺为步，乘六马。更名河（黄河）曰德水，以为水德之始。（《史记》六）

《史记》又说：

自齐威宣之时，驺子之徒论著终始五德之运，及秦帝，而齐人奏之，故始皇采用之。(《史记》二八)

其实齐学的五德终始论在秦未称帝之前，早已传到西方，早已被吕不韦的宾客收在《吕氏春秋》里了(《吕氏春秋》成于公元前239年)。到秦始皇称帝(公元前221年)以后，也许又有齐人重提此议，得始皇的采用，于是驺衍的怪迂之论遂成为中国国教的一部分了。

五德终始之运，只是把五德相胜(水胜火，火胜金，金胜木，木胜土，土胜水)的观念适用到历史里去，造成一种历史变迁的公式，故是一种历史哲学。又因为五德的终始都先见于机祥符应，故这种历史哲学其实又是一种宗教迷信。五德终始与阴阳消息两个观念又可以适用到宇宙间的一切现象，可以支配人生的一切行为，可以解释政治的得失和国家的盛衰，故这种思想竟成了一个无所不包的万宝全书。但我们推想，驺衍立说之初，大概如《史记》所记，注意之点在于政治；他的用意在于教人随着世变做改制的事业。故汉朝严安引驺衍曰："政教文质，所以云救也，当时则用，过则舍之，有易则易也。"(《汉书》六四下)这可见此种历史哲学在政治上的用意，在于改革度制，在于从种种方面证明"五德转移，治各有宜，而符应若兹"。《史记》所说的"礽祥度制"，现在虽不传了，但我们可以揣想《吕氏春秋》所收的五德终始论代表邹衍的学说，而《吕氏春秋》所采取的"十二月令"也就代表邹衍的"礽祥度制"的纲领。五德终始论是用五行转移的次第来解释古往今来的历史大变迁。《月令》是用五行的原则来安排一年之中的"四时之大顺"，来规定"四时，八位，十二度，二十四节，各有教令"（用司马谈语）。这种分月的教令便是"礽祥度制"了。

现存的《月令》出于《吕氏春秋》，其中似以十月为岁首（季秋月令，"为来岁受朔日"），又有秦官名，大概其中已有吕不韦的宾客改作的部分了。但其中全用五行来分配四时，十二月，五帝，五虫，五音，五味，五臭，五祀，五脏；每月各有礽祥度制，错行了这种教令，便有种种灾害，如孟春《月令》说：

孟春行夏令，则风雨不时，草木早槁，国乃有恐。（高注：春，木也，夏，火也。木德用事，法当宽仁，而行夏令，火性炎上，故使草木槁落，不待秋冬，故曰天气不和，国人惶恐也。）行秋令，则民大疫，风暴雨数至，藜莠蓬蒿并兴。（高注：木仁，金杀，而行其令，气不和，故民疫病也。金生水，与水相干，故风雨数至，荒秽滋生。）行冬令，则水潦为败，霜雪大挚，首种不入。（高注：

春阳，冬阴也，而行其令，阴乘阳，故水潦为败，雪霜大挚，伤害五谷。郑注：旧说，首种谓稷。）

这正是一年之中的"五德转移，治各有宜，而符应若兹"。故我们用《月令》来代表驺衍的礽祥度制，大概是不错的。《吕氏春秋》采驺衍的五德终始论，不提他的姓名；采《月令》全部，也不提及来源，这大概是因为吕氏的宾客曾做过一番删繁摘要的工作。从驺子的十余万言里撷取出一点精华来，也许还稍稍改造过，故不须提出原来的作者了。而驺衍的十余万言的著作，当日曾经震惊一世，使"王公大人初见其术，惧然顾化"，自从被《吕氏春秋》撷取精要之后，那"闳大不经"的原书也渐渐成了可有可无之物，终于失传了。更到后来，这分月的礽祥度制竟成了中国思想界的公共产业，《淮南王书》收作《时则训》，《礼记》收入《明堂阴阳记》一类，即名为《月令》，而伪造的《逸周书》又收作《时训解》，于是蔡邕、王肃诸人竟认此书是周公所作了。（看孔颖达《礼记疏》卷十四《月令》题下疏，其中列举四证，证明此书不合周制。）从此以后，《月令》便成了中国正统思想的一部分，很少人承认它是秦时作品，更无人敢说它出于"齐学"了。

齐学的成立，必不单靠驺衍一人。《汉书·艺文志》，"阴阳家"有：

《驺子》四十九篇（原注，名衍，齐人）；

《驺子终始》五十六篇（师古曰，亦驺衍所说）；

《驺奭子》十二篇（原注，齐人，号雕龙奭）；

《公梼生终始》十四篇（原注，传驺奭《终始书》）。

依《汉书》原注看来，驺奭的书也叫作《终始》，正是驺衍的嫡派。《史记》曾说："驺者，齐诸驺子，亦颇采驺衍之术以纪文。"是驺奭在驺衍之后，继续发挥五德终始之说，而公梼生又在驺奭之后，又传驺奭的《终始书》。这都是齐学的开山三祖。《艺文志》又有：

《公孙发》二十二篇（原注，六国时）；

《乘丘子》五篇（原注，六国时）；

《杜文公》五篇（原注，六国时）；

《黄帝泰素》二十篇（刘向《别录》云，或言韩诸公孙之所作也，言阴阳五行，以为黄帝之道也。故曰《泰素》）；

《南公》三十一篇（原注，六国时）；

《容成子》十四篇；

《闾丘子》十三篇（原注，名快，魏人，在南公前）；

《冯促》十三篇（原注，郑人）；

《将巨子》五篇（原注，六国时，见南公，南公称之）；

《周伯》十一篇（原注，齐人，六国时）。

这些人大概是齐学的传人，其人其书皆未必全出于六国时代，其中也许有秦汉人假托的。如《宋司星子韦》三篇，假托于春秋时宋景公的司星子韦，列在《艺文志》阴阳家的第一名；但《论衡·变虚》篇引有《子韦书录序奏》，大概即是刘向所假造奏上的。如果《艺文志》所录诸书真是六国时作品，那么，在驺衍、驺奭之后，这个学派已传播很远，怪不得吕不韦的宾客著书之时已大受齐学的影响了。

以上所列，限于"九流"之中的"阴阳家"，即是司马谈所论"六家"中的"阴阳家"。司马谈说：

阴阳之术，大祥而众忌讳（大祥是说此一派注重礼祥之应。《汉书》六十二引此文，误作大详），使人拘而多所畏。然其序四时之大顺，不可失也。……

夫阴阳，四时，八位，十二度，二十四节各有教令，顺之者昌，逆之者不死则亡。未必然也。故曰"使人拘而多畏"。夫春生夏长，秋收冬藏，此天道之大经也，弗顺则无以为天下纲纪。故曰"四时之大顺，不可失也"。（《史记》百三十）

《艺文志》也说：

阴阳家者流，盖出于羲和之官。（此语是刘歆瞎说。）敬顺昊天，历象日月星辰，敬授民时，此其所长也。及拘者为之，则牵于禁忌。泥于小数，舍人事而任鬼神。

这里所说的阴阳家，是齐学的正统，还是以政治为主体，用阴阳消息与五德转移为根据，教人依着"四时之大顺"设施政教。他们主张"治各有宜"，本是一种变法哲学；不幸他们入了迷，发了狂，把四时十二月的政制教令都规定作刻板文章，又造出种种禁忌，便成了"使人拘而多所畏"、"舍人事而任鬼神"的中古宗教了。

齐学本从民间宗教出来，想在禨祥祸福的迷信之上建立一种因时改制的政治思想。结果是灾祥迷信的黑雾终于埋灭了政制变法的本意，只剩下一大堆禁忌，流毒于无穷。这是齐学的命运。

（原载胡适：《中国中古思想史长编》，安徽教育出版社2003年版）

1916—2009

任继愈：论阴阳五行说

阴阳五行学说，认为世界上一切事物都是由金、木、水、火、土五种元素相互配合而成的。成分简单的东西，是由一种元素构成的；比较复杂的东西，像生物、人类就是由五种元素在复杂条件之下互相配合产生的。自然界中，一切东西都不能离开这五种物质元素。这种学说并不玄妙，它是从人民日常生活中所经常接触的五种物质和它的属性中抽象出来的。这一派认为五种元素之间有相互推动、孳生的关系，就是所谓五行相生的观点。五行相生是循环无尽的，它们的次序是：

金→水→木→火→土→（金）……

五种元素之间同时具有相互克服、限制的关系，这就是所谓"五行相胜"（或相克）。这种关系也是循环无尽的，它们的次序是：

水→火→金→木→土→（水）……

阴阳五行学派，在战国末期，由于自然科学的发展，特别是天文学的发展，得到极大的发展。这一派认为自然界以及人类社会现象的一些特点都可以用阴阳五行来表示，这些现象也都是阴阳五行的表现。他们试图用自然界存在的物质的性能说明各种现象在性质上的差异，阴阳五行学派不但用阴阳五行的范畴去考察自然现象，也用这些范畴去考察人类的感情、意志、身体的机构、器官和其他现象。

阴阳五行学派（也就是太史公所说的阴阳家）的唯心主义观点，并不表现在它的自然观方面而是表现在它的社会观、历史观方面。驺衍的"五德终始"，和董仲舒用阴阳五行来宣扬他的宗教迷信的历史观，都是唯心主义的思想。这种思想的主要错误，在于它用阴阳五行的观点解释社会、历史、伦理观念等。

唯物主义的阴阳五行学派的主要贡献，就在于它力图从物质世界以内寻找万物发生发展的原因。在医学方面，《内经》就是根据阴阳五行的学说来说明人类生理现象、心理现象、疾病现象的。它是朴素的唯物主义的观点而不是唯心主义的观点。

阴阳五行的学说在战国末期，形成一套完整的朴素的唯物主义世界观的体系。这一学派的出现，标志着中国古代唯物主义哲学和科学进一步的结合，也意味着中国古代唯物主义哲学得到进一步的发展和提高。因为在这以前，中国唯物主义哲学重点在于说明宇宙万有的生成和发展的原因。中国古代的唯物主义哲学对于自然界现象的复杂性、多样性的根据涉及得很少。至于有关人类本身的生理现象、心理现象、疾病现象的说明就更加不够了。如果对这些人类切身问题不能给以科学的说明，那就等于把这些问题留给宗教迷信去随便解释。秦汉之际的医学积累了千百年的丰富的经验，因而有可能对人类切身问题作出初步的，但是全面的，符合当时科学要求的说明。医学和当时阴阳五行的学说密切结合，向宗教迷信的唯心主义思想展开了进攻。中国古代医学通过科学实践（**医疗实践**），唯物主义地说明人类的生理现象、心理现象、疾病现象，扩大了科学的领域，也扩大了唯物主义哲学的阵地。过去唯物主义还没有来得及涉及的许多问题，这才通过秦汉的医学而得到了比较符合事实的结论。我们说秦汉之际的阴阳五行的学派是先秦唯物主义哲学的进一步发展和提高，并不是过分夸张。但也必须指出，唯物主义哲学的发展和提高和当时的医学的巨大成就是分不开的。

事实上中国古代的自然科学部门，像古代的天文学、化学（**包括炼金、制药等**）、算学、音乐和医学都是在阴阳五行的学说协助之下发展起来的。如果企图理解中国任何一部门的科学史而不注意阴阳五行的学说，也是不可能的。用阴阳五行的学说来解释世界的多样性和它的内在的联系性，显然比用"道"、"气"更具有说服力，更能较为深刻地反映事物的矛盾对立和相互关联。

中国古代医学完全接受了阴阳五行的学说，并且通过了医学这门独特的科学道路向前发展。

我们可以毫不夸张地说，古代的阴阳五行学说是古代唯物主义哲学的原则，也是古代自然科学的原则。

（原载任继愈：《天人之际》，上海文艺出版社1998年版）

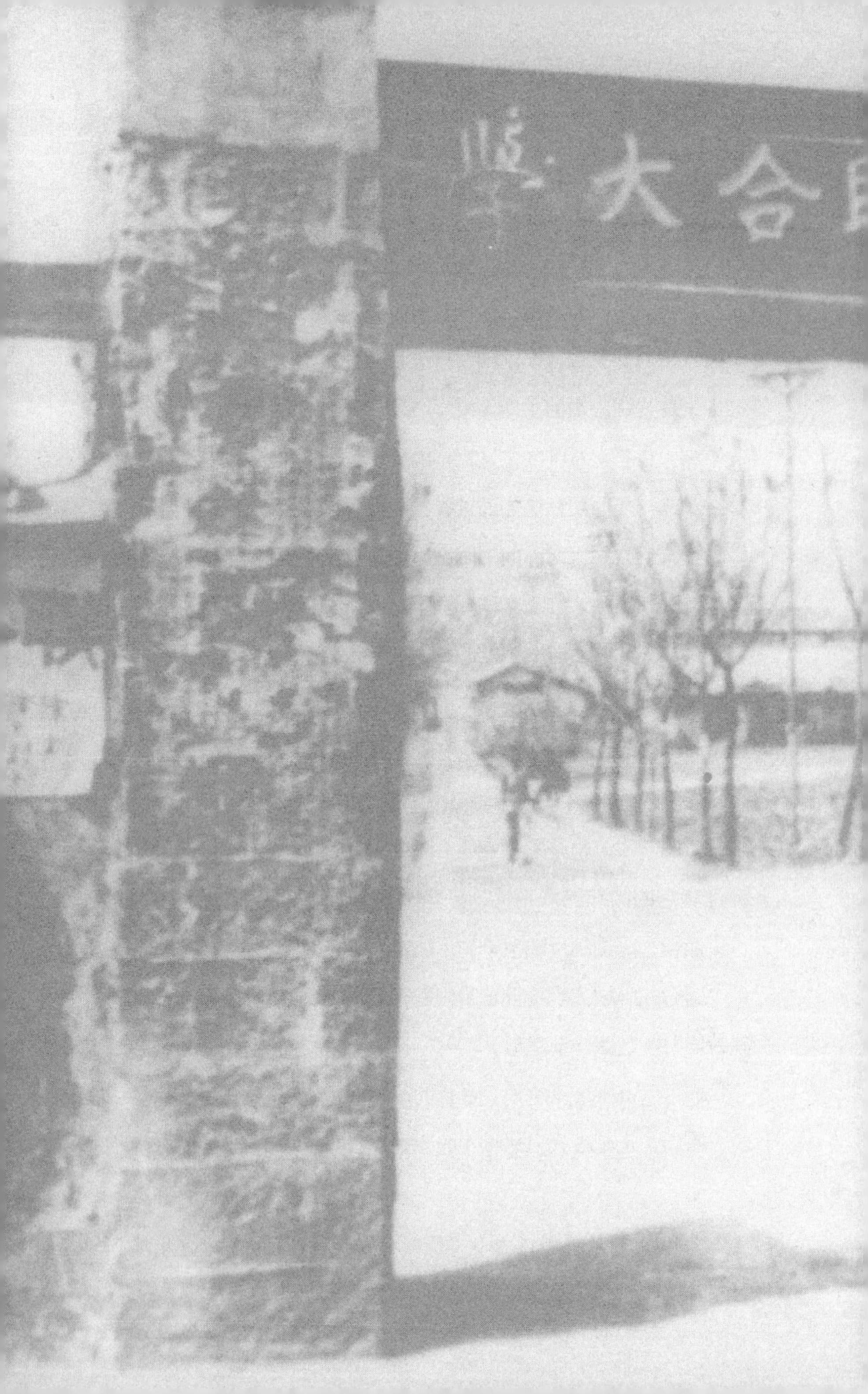
大合

第八篇 道术统一
杂家四讲

1937—1946

1937—1946

傅斯年：所谓"杂家"

《汉·志》列杂家一门，其叙论曰："兼儒墨，合名法，知国体之有此，见王治之无不贯。"按，杂而曰家，本不词；但《吕览》既创此体，而《淮南》述之，东方朔等著论又全无一家之归，则兼儒墨合名法而成一家书之现象，在战国晚年已成一段史实。《吕氏春秋》一书，即所谓八览、六论、十二纪之集合者，在思想上全没有一点创作，体裁乃是后来人类书故事集之祖。现在战国子家流传者，千不得一，而《吕览》取材之渊源，还有好些可以找到的。这样著书法在诸子的精神上是一种腐化，因为儒家果然可兼，名法果然可合，诸子果无不可贯的话，则诸子固已"挫其锐，解其纷，和其光，同其尘"了。稷下诸子不名一家，而各自著其书，义极相反；"府主"并存而不混之，故诸子各尽其长。这个阳翟大贾的宾客，竟为吕氏做这么一部赝书，故异说各存其短。此体至《淮南》而更盛，而《淮南》书之矛盾乃愈多。因吕氏究竟不融化，尚不成一种系统论，孔墨并被称者，以其皆能得众，皆为后世荣之，德容所以并论者，以其兼为世主大人所乐听，此尚是超乎诸子之局外，立于世主大人之地位，而欣赏诸子者。若《淮南》书，则诸子局外之人，亦强入诸子之内，不复立于欣赏辩说之客者地位，而更求熔化得成一系统论。《吕览》这部书在著书体裁上是个创作，盖前于《吕览》者，只闻著篇不闻著成系统之一书。虽慎子著《十二论》以《齐物》为始，仿佛像是一个系统论，但慎子残文见于《庄子》等书者甚少，我们无以见他的《十二论》究竟原始要终系统到什么地步。自吕氏而后，汉朝人著文，乃造系统，于是篇的观念进而为书的观念。《淮南》之书，子长之史，皆从此一线之体裁。

《吕氏》《淮南》两书，自身都没有什么内含价值，然因其为"类书"，保存了不少的早年材料，所以现在至可贵。犹之乎《北堂书钞》《艺文类聚》《太平御览》等书，自身都是无价值的，其价值在其保存材料。《永乐大典》的编制法，尤其不像一部书，然古书为它保存了不少。

（原载傅斯年：《战国子家叙论　史学方法导论　史记研究》，上海古籍出版社2012年版）

1895—1990

钱穆：吕不韦著书考

《吕氏春秋·谨听》篇："今周室既灭，而天子已绝，乱莫大于无天子，无天子则强者胜弱，众者暴寡，以兵相残，不得休息，今之世当之矣。"高《注》："周厉王无道，流于彘而灭，无天子十一年，故曰已绝。"毕沅云："秦昭王五十二年西周亡，十年而始皇帝继为王。又二十六年，始为皇帝。所云天子已绝者，在始皇未为皇帝之时。《注》非是。"今按：《史记·吕传》："秦庄襄王元年，以吕不韦为丞相，封文信侯，食河南洛阳十万户。庄襄王薨，太子政立为王，尊吕不韦为相国，号称仲父。吕不韦乃使其宾客人人著所闻，号曰《吕氏春秋》。"其《自序》篇曰："维秦八年，岁在涒滩。"黄氏《周季编略》谓："《吕传》书作《春秋》于始皇七年前，八盖六之讹也。近毕氏校《吕氏春秋》引钱竹汀《超辰说》。（按毕氏所引乃《钱塘溉亭说》，竹汀之说见《十驾斋养新余录》卷上，文繁不具引。）严铁桥以八为四之讹。四年太阴在申，皆未是。"姚文田（《邃雅堂集》，《〈吕览〉维秦八年岁在涒滩考》）云："超辰之说，起于汉人，当时亦未一行，安得强先秦以就我法？又读者据太初元年岁称丁丑，溯而上之，遂改始皇为乙卯，因欲并改《吕览》之八年为六年。不知班《史》实以邓平历为本,实不足为确据。考淮南王安封于孝文之十六年,子长著之《史记》,孟坚仍其旧文。计孝文十六年下至太初改元,六甲适一周,则是年亦当为丁丑。《淮南子》云:淮南元年冬,太一在丙子。太一即太岁,与班《史》显差一岁。上推始皇元年,实为甲寅。不韦死于始皇十二年,后十五年而秦有天下。不韦著书以前,昭襄孝文庄襄世乃相继,安得断自始皇直书曰秦。其称秦者,必在庄襄既灭二周之后。《秦本纪》昭襄五十六年卒,孝文王立。即位后三日卒,庄襄王立。在位四年。《六国表》分一年入孝文,故庄襄仅三年。又记昭襄之立,在周赧王九年,下推赧王五十九年,岁在甲辰(后来作乙巳者,从《汉志》改),乃昭襄之五十一年。又五年而卒。孝文嗣位一年,明年为庄襄元年,岁在辛亥。《纪》、《表》皆云是年灭二周,置三川郡。《周本纪》亦云:王赧五十九年,西周倍秦,与诸侯约从攻秦,秦使将军摎攻西周,西周君奔秦,尽献其邑。王赧卒,周民遂东亡。似是一年中事。又云:后七载,秦庄襄灭东西周。今考《韩非子·五蠹》篇云:周去秦为从,期年而举。是史公所记,中间尚少一年。所谓后七载者,当由灭西周计算。而庄襄之灭东周,乃二年事,并非元年,《纪》、《表》皆误矣。西周之灭岁在乙巳(王应麟作丙午,亦从《汉志》),后七载为壬子,东周亦亡。其明年癸丑,天下始易周而为秦。《困学纪闻》云:壬子秦迁东周君而周遂不祀。作史者当自丙午至壬子系周统于七国之上。以韩非及王氏之言证之,知自癸丑以后乃可书秦。而《吕览》之文，实统庄襄言之矣。"今按：姚氏之说甚辨而核。不韦著书，实在始皇之七年，而称维秦八岁者，乃始于癸丑。始皇元年实为甲寅，而不韦不以始皇纪元，乃统庄襄言之，其事甚怪。且吕不韦为秦相国，乃绝不称道秦政，曰："周室既灭，天子已绝，以兵相残，不得休息。"顾抑秦与六国同例。特以周亡而书秦，亦并不许秦为天子，则又何耶？《功名》篇又云："欲为天子，民之所走，不可不察。今之世至寒矣，至热矣，而民无走者，取则行钧也。欲为天子，所以示民，不可不异。行不异乱，虽信今（信伸也。犹言得志于今），民犹无走。民无走，王者废矣，暴君幸矣，民绝望矣。故当今之世，有仁人，不可不此务。有贤主，不可不此事。"此明讥秦政虽以武强伸于一时，犹不为民之所走也。高似孙曰："始皇不好士，不韦则徕英茂，聚畯豪，簪履充庭，至以千计。始皇甚恶书也，不韦乃极简册，攻笔墨，采精录异，成一家言。……《春秋》之言曰：十里之间，耳不得闻，帷墙之外，目不能见，三亩之间，心不能知，而欲东开晤，南抚多鹦，西服寿靡，北怀儋耳，何以得哉？此所以讥始皇。"方孝孺亦称其书诋訾时君为俗主，至数秦先王之过无所惮。《史》又称不韦书成，布咸阳市门，悬千金其上，延诸侯游士宾客，有能增损一字者予千金。余疑此乃吕家宾客借此书以收揽众誉，买天下之人心。俨以一家《春秋》，托新王之法，而归诸吕氏。如昔日晋之魏，齐之田。为之宾客舍人者，未尝不有取秦而代之意。即观其维秦八年之称，已显无始皇地位。当时秦廷与不韦之间，必有猜防冲突之情，而为史籍所未详者。[《史记·蔡泽传》，其说应侯曰："质仁秉义，行道施德，得志于天下，天下怀乐敬爱而尊慕之，皆愿以为君王，岂不辩智之期与？"应侯曰然。此已入战国晚世，其先游仕如吴起商鞅之徒，得为将相，已满初志。其后如梁惠王欲让国于惠施，燕王哙真让国于子之，于是游士之意气益盛，期望益远，蔡泽乃明白有天下皆愿以为君王之想。客说春申君，以汤武况荀卿。即荀子弟子之颂其师，亦曰：呜呼贤哉，宜为帝王。（见《尧问》篇）又曰：今之学者，得孙卿之遗言余教，足以为天下法式表仪。（亦见《尧问》）是可见当时学者间意态。李斯入秦，为吕不韦舍人，《吕览》之书，斯亦当预，彼辈推尊不韦，谓其宜为帝王，夫岂不可。此意至西汉尚未全泯，故昭宣以下，颇有主张汉廷推择贤人而让国者，王莽即应运而起。自此义隐晦不彰，而谓不韦著书有自为帝王之志，则有疑其言之若诞者矣。]始皇幸先发，因以牵连及于嫪毐之事。不韦自杀，诸宾客或诛或逐。（《史》云："始皇十二年，吕不韦窃葬，其舍人临者晋人也，逐出之。秦人六百石以上夺爵迁，五百石以下不临，迁勿夺爵。是年秋，复嫪毐舍人迁蜀者。"此秦廷忌吕氏舍人而宽嫪氏舍人之明证。又见吕氏舍人自有三晋宾客与秦人之别。不韦本籍山东，故于东方游士，秦廷尤所歧视。不韦初死，秦廷即有逐客之令，则吕氏宾客，秦廷所以忌而防之者至矣。又《秦策》五："文信侯出走，与司空马之赵，赵以为守相。"金氏《国策补释》云："与党与也，马为文信党人，故文信走而马亦亡。"又曰："马逐于秦，则亦三晋人也。"）其事遂莫肯明言，而乃妄造吕政之讥，与嫪毐自不韦荐身之说，同为当时之诬史而已。（《魏策》："或谓魏王曰：秦自四境之内，执法以下，至于长挽者，故毕曰与嫪氏乎，与吕氏乎，虽至于门间之下，廊庙之上，犹之如是也。今王割地以赂秦，以为嫪毐功，卑体以尊秦，因以嫪毐，王以国替嫪毐……太后之德王也深于骨髓，王之交最为天下上矣……由嫪氏善秦而交为天下上，天下孰不弃吕氏而从嫪氏。天下毕舍吕氏而从嫪氏，则王之怨报矣。"据此则吕之与嫪，邪正判然。嫪氏显与吕氏争政，太后倾私嫪氏。未见嫪之必为不韦所进也。又《秦始皇本纪》嫪毐封长信侯。《索隐》云："按《汉书》嫪氏出邯郸。"钱氏《廿二史考异》云："班氏无此文，当是《汉书》注也。《南越传》婴齐取邯郸摎氏女。《索隐》云：摎音纪虬反，摎姓出邯郸。此嫪字《正义》亦音纪虬反，盖摎嫪古文通用。今人读嫪为郎到切，非也。"据此嫪毐乃邯郸人。疑始皇母在邯郸，本识毐，不俟于不韦之进显。而《史》传所称私求大阴人嫪毐，使以其阴关桐轮而行，令太后闻之，以哄太后者，皆故为丑语，非事实也。毐与始皇母私生二子容有之，因并谓始皇乃不韦子，则亦无稽之丑诋耳。余别有辨详下。）自不韦之死，李斯得志，因有焚坑之祸。先秦学脉，竟以此绝，亦可惜也。

又考《秦本纪》昭王四十二年，安国君为太子。四十七年，白起破赵长平，杀卒四十五万。其明年正月，秦政生于邯郸。则不韦入秦游说华阳夫人，应在长平一役前。今姑以昭王四十六年为说，其先不韦本为阳翟大贾，积赀甚富，其年事当近四十。下至始皇之元又十五年，不韦则年五十五左右。而不韦之卒，年逾六十也。然余考《秦策》载不韦事与《史》有异。其入秦说立子楚已在孝文王时，以其时年四十外计之，其卒盖年逾五十，犹未及六十耳。（参读《考辨》第一六一。又考《吕氏·安死》篇，以耳目所闻见，齐荆燕尝亡矣，宋中山已亡矣，赵韩魏皆亡矣，其皆故国矣。顾亭林《日知录》谓：作书之时，秦初并三晋。然考始皇七八年间，三晋皆无恙，韩最先亡，在始皇十七年，已在不韦卒后五年，赵以王迁之虏为亡，则在韩亡后两年，魏最后，其亡已在始皇二十二年，去不韦之卒已十年。然则吕书之成，其最后者岂在始皇之二十二年乎？是年燕蓟亦拔，越三年，楚亡，又越两年齐亡，皆《安死》作时所未及也。《史记》谓不韦迁蜀而著《吕览》，然则吕书确有成于迁蜀之后，并有成于不韦之身后者，此亦考论秦代学术思想情况一至堪注意之点也。）

（原载钱穆：《先秦诸子系年》，九州出版社2011年版）

1891—1962

胡适:《吕氏春秋》的贵生主义

《吕氏春秋》是秦国丞相吕不韦的宾客所作。吕不韦本是阳翟的一个商人,用秦国的一个庶子作奇货,做着了一笔政治上的投机生意,遂做了十几年的丞相(公元前249—前237年),封文信侯,食客三千人,家童万人。《史记》说:

是时诸侯多辩士,如荀卿之徒,著书布天下。吕不韦乃使其客人人著所闻,集论以为八览,六论,十二纪,二十余万言,以为备天地万物古今之事,号曰《吕氏春秋》。(《史记》八十五)

吕不韦死于秦始皇十二年(公元前235年)。此书十二纪之末有《序意》一篇的残余,首称"维秦八年",当公元前239年。此可见成书的年代。

《吕氏春秋》虽是宾客合纂的书,然其中颇有特别注重的中心思想。组织虽不严密,条理虽不很分明,然而我们细读此书,不能不承认它代表一个有意综合的思想系统。《序意》篇说:

维秦八年，岁在涒滩，秋，甲子朔。朔之日，良人请问十二纪。文信侯（吕不韦）曰：尝得学黄帝之所以诲颛顼矣："爰有大圆在上，大矩在下。汝能法之，为民父母。"盖闻古之清世，是法天地。（大圆即天，大矩即地。）凡十二纪者，所以纪治乱存亡也，所以知寿夭吉凶也。上揆之天，下验之地，中审之人，若此则是非可不可无所遁矣。天曰顺，顺维生。地曰固，固维宁。人曰信，信维听。三者咸当，无为而行。行也者，行其理也。行［其］数，循其礼，平其私。夫私视使目盲，私听使耳聋，私虑使心狂。三者皆私设精则智无由公。智不公则福日衰，灾日隆……

这是作书的大意。主旨在于"法天地"，要上揆度于天，下考验于地，中审察于人，然后是与非，可与不可，都不能逃遁了。分开来说，

天曰顺，顺维生。
地曰固，固维宁。
人曰信，信维听。

第一是顺天，顺天之道在于贵生。第二是固地，固地之道在于安宁。第三是信人，信人之道在于听言。"三者咸当，无为而

行。"无为而行,只是依着自然的条理,把私意小智平下去,这便是"行其数,循其理,平其私"。一部《吕氏春秋》只说这三大类的事:贵生之道,安宁之道,听言之道。他用这三大纲来总汇古代的思想。

法天地的观念是黄老一系的自然主义的主要思想。(这时代有许多假托古人的书,自然主义一派的人因为儒墨都称道尧舜,尧舜成了滥调了,故他们造出尧舜以前的黄帝的书来。故这一系的思想又称为"黄老之学"。)而这个时代的自然主义一派思想,经过杨朱的为我主义,更趋向个人主义的一条路上去,故孟子在公元前4世纪末年说杨朱、墨翟之言盈天下,又说当时的三大系思想是杨、墨、儒三家。杨朱的书,如《列子》书中所收,虽在可信可疑之间,但当时的"为我主义"的盛行是绝无可疑的。我们即使不信《列子》的《杨朱》篇,至少可以从《吕氏春秋》里寻得无数材料来表现那个时代的个人主义的精义,因为这是《吕氏春秋》的中心思想。

《吕氏春秋》的第一纪的第一篇便是《本生》,第二篇便是《重己》;第二纪的第一篇便是《贵生》,第二篇便是《情欲》。这都是开宗明义的文字,提倡的是一种很健全的个人主义,叫作"贵生"主义,大体上即是杨朱的"贵己"主义。(《不二》篇说,"阳生贵己"。李善注《文选》引作"杨朱贵己"。是古本作"杨朱",或

"阳朱"。）其大旨是：

圣人深虑天下，莫贵于生……尧以天下……让于子州支父，子州支父对曰："以我为天子，犹可也。虽然，我适有幽忧之病，方且治之，未暇在天下也。"天下，重物也，而不以害其生，又况于他物乎？唯不以天下害其生也者，可以托天下。（《贵生》）

倕，至巧也；人不爱倕之指而爱己之指，有之利故也。人不爱昆山之玉，江汉之珠，而爱己之一苍璧小玑，有之利故也。今吾生之为我有而利我亦大矣！论其贵贱，爵为天子不足以比焉。论其轻重，富有天下不足以易之。论其安危，一曙失之，终身不复得。此三者，有道者之所慎也。（《重己》）

这就是"拔一毛而利天下，不为也"的本意。本意只是说天下莫贵于吾生，故不以天下害吾生。这是很纯粹的个人主义。《吕氏春秋》说此义最详细，如云：

身者，所为也。天下者，所以为也。审［所为］所以为，而轻重得矣。今有人于此，断首以易冠，杀身以易衣，世必惑之。是何也？冠所以饰首也，衣所以饰身也。杀所饰，要所以饰，则不知所为矣。世之走利，有似于此。危身伤生，刈颈断头以徇利，则亦不知所为也。……不以所以养害所养。……能尊生，虽贵富不以养伤身，虽贫贱不以利累形。今受其先人之爵禄，则必重失之。生之所自来者久矣，而轻失之，岂不惑哉？（《审为》）

凡圣人之动作也，必察其所以之，与其所以为。今有人于此，以随侯之珠弹千仞之雀，世必笑之。是何也？所用重，所要轻也。夫生岂特随侯珠之重也哉？（《贵生》）

以上都是"贵生"的根本思想。因为吾生比一切都重要，故不可不贵生，不可不贵己。

贵生之道是怎样呢？《重己》篇说：

凡生之长也，顺之也。使生不顺者，欲也。故圣人必先适欲。（高诱注，适，节也。）

《情欲》篇说：

天生人而使有贪有欲。欲有情，情有节。圣人修节以止欲，故不过行其情也。故耳之欲五声，目之欲五色，口之欲五味，情也。此三者，贵贱愚智贤不肖欲之若一。虽神农黄帝，其与桀纣同。圣人之所以异者，得其情也。由"贵生"动，则得其情矣。不由"贵生"动，则失其情矣。此二者，死生存亡之本也。

怎么叫作"由贵生动"呢？

夫耳目鼻口，生之役也。耳虽欲声，目虽欲色，鼻虽欲芬香，口虽欲滋味，害于生则止。在四官者不欲，利于生者则弗为（止）。由此观之，耳目鼻口不得擅行，必有所制；譬之若官职，不得擅为，必有所制。此贵生之术也。（《贵生》）

这样尊重人生，这样把人生看作行为动作的标准，看作道德的原则，这真是这一派个人主义思想的最大特色。

贵生之术不是教人贪生怕死，也不是教人苟且偷生。《吕氏春秋》在这一点上说的最分明：

子华子（据《吕氏春秋·审为》篇，子华子是韩昭侯时人，约当公元前4世纪的中叶。昭侯在位年代为公元前358年到前333年。）曰："全生为上，亏生次之，死次之，迫生为下。"故所谓"尊生"者，全生之谓。所谓全生者，六欲皆得其宜也。所谓亏生者，六欲分得其宜也。（分是一部分，故叫作亏。亏是不满。）亏生则于其尊之者薄矣。其亏弥甚者，其尊弥薄。所谓死者，无有所以知，复其未生也。所谓迫生者，六欲莫得其宜也，皆获其所甚恶者，服是也，辱是也。（服字高诱训"行也"，是错的。服字如"服牛乘马"的服，在此有受人困辱羁勒之意。）辱莫大于不义，故不义，迫生也。而迫生非独不义也。故曰迫生不若死。奚以知其然也？耳闻所恶，不若无闻；目见所恶，不若无见。故雷则掩耳，电则掩目，此其比也。凡六欲皆知其所甚恶（《墨经》云，知，接也），而必不得免，不若无有所以知。无有所以知者，死之谓也。故迫生不若死。

嗜肉者，非腐鼠之谓也。嗜酒者，非败酒之谓也。尊生者，非迫生之谓也。（《贵生》）

正因为贵生，所以不愿迫生。贵生是因为生之可贵，如果生而不觉其可贵，只得其所甚恶，故不如死，孟轲所谓"所恶有甚于死者"正是此理。贵生之术本在使所欲皆得其宜，如果生而不得所欲，死而得其所安，那自然是生不如死了。《吕氏春秋》说：

天下轻于身，而士以身为人。以身为人者如此其重也！（《不侵》）

因为天下轻于一身，故以身为人死，或以身为一个理想死，才是真正看得起那一死。这才叫作一死重于泰山。岂但重于泰山，直是重于天下。故《吕氏春秋》又说：

石可破也，而不可夺坚。丹可磨也，而不可夺赤。坚与赤，性之有也。性也者，所受于天也，非择取而为之也。豪士之自好者，其不可漫以污也，亦犹此也……（此下引伯夷、叔齐饿死的事）……人之情莫不有重，莫不有轻。有所重则欲全之，有所轻则以养所重。伯夷、叔齐此二士者，皆出身弃生以立其意，轻重先定也。(《诚廉》)

全生要在适性，全性即是全生。重在全性，故不惜杀身"以立其意"。老子曾说：

故贵以身为天下，若（乃）可寄天下。爱以身为天下，若可托天下。

《吕氏春秋》解释此意道：

唯不以天下害其生也者，可以托天下。

又说：

天下轻于身，而士以身为人。以身为人者如此其重也！

明白了这种精神，我们才能了解这种贵生重己的个人主义。

儒家的"孝的宗教"虽不是个人主义的思想，但其中也带有一点贵生重己的色彩。孝的宗教教人尊重父母的遗体，要人全受全归，要人不敢毁伤身体发肤，要人不敢以父母之遗体行殆，这里也有一种全生贵己的意思。"大孝尊亲，其次弗辱"，这更有贵生的精神。推此精神，也可以养成"不降其志，不辱其身"的人格。所不同者，贵生的个人主义重在我自己，而儒家的孝道重在我身所自生的父母，两种思想的流弊大不同，而在这尊重自身的一点上确有联盟的可能。故《吕氏春秋》也很注重孝的宗教，《孝行览》一篇专论孝道，甚至于说：

夫执一术而百善至，百邪去，天下从者，其唯孝也。

这是十分推崇的话了。但他所引儒家论孝的话，都是全生重身的话，如曾子说的：

身者，父母之遗体也。行父母之遗体，敢不敬乎？居处不庄，非孝也。事君不忠，非孝也。莅官不敬，非孝也。朋友不笃，非孝也。战陈无勇，非孝也。五行不遂，灾及乎亲，敢不敬乎？

又如曾子"舟而不游，道而不径"的话；又如乐正子春下堂伤足的故事里的"父母全而生之，子全而归之，不亏其身，不损其形，可谓孝矣"的一段话，都可以算作贵生重己之说的别解。《孝行览》又说：

身也者，非其私有也，严亲之遗躬也。……父母既没，敬行其身，无遗父母恶名，可谓能终矣。

这正是一种变相的贵生重己主义。

（原载《胡适全集》第3卷，安徽教育出版社2003年版）

1891—1962

胡适:《淮南王书》论"道"

道家集古代思想的大成,而《淮南王书》又集道家的大成。道家兼收并蓄,但其中心思想终是那自然无为而无不为的"道"。《韩非子》有《解老》、《喻老》两篇(不是韩非所作,大概出于西汉),也是道家的著作,其中《解老》篇说"道"的观念最明白,原文说:

道者,万物之所然也,万理之所稽也。理者,成物之文也。道者,万物之所以成也。故曰,道,理之者也。物有理不可以相薄。物有理不可以相薄,故理之为物之制。万物各异理,而道尽稽万物之理,故不得不化。不得不化,故无常操。无常操,故死生气禀焉,万智斟酌焉,万事废兴焉。……以为近乎,游于四极;以为远乎,常在吾侧。以为暗乎,其光昭昭;以为明乎,其物冥冥。而功成天地,和化雷霆。宇内之物,恃之以成。凡道之情,不制不形,柔弱随时,与理相应。

理是条理文理，故说理是"成物之文"，即是每一物成形之后的条理特性，即是《解老》篇下文说的"理者，方圆短长粗靡坚脆之分也"。物各有其特别条理，不可以相混乱，故可以求得各物的条理，制为通则，如水之就下，火之炎上，即是"理之为物之制"。但道家哲学假定"万物各异理，而道尽稽万物之理"；理是成物之文，而道是万物之所以成；故说，"道，理之者也"，这就是说，道即是一切理之理。这是一个极大的假设。《解老》篇也不讳这只是一个假设，故下文说：

人希见生象也，而得死象之骨，案其图以想其生也。故诸人之所以意想者皆谓之"象"也。今道虽不可得闻见，圣人执其见功，以处（虚？）见其形，故曰"无状之状，无物之象"。

凡理者，方圆短长粗靡坚脆之分也。故理定而后可得道也。故定理有存亡，有死生，有盛衰。夫物之一存一亡，乍死乍生，初盛而后衰者，不可谓常。唯夫与天地之剖判也俱生，至天地之消散也不死不衰者，谓常。而常者无攸易，无定理。无定理，非在于常所，是以不可道也。圣人观其玄虚，用其周行，强字之曰"道"。然而（后？）可论。

这是明白承认"道"的观念不过是一个假设的解释。人见一块死象骨头而按图想象其全形，因为有图可按，故还可靠。地质学者得着古生物的一片骨头，而想象其全形，因为此生物久已绝种，无人曾见其全形，这便不能免错误了。然而这究竟还有块骨头作证据。哲学家见物物各有理，因而悬想一个"与天地俱生，至天地之消散也不死不衰"的道，这便是很大胆的假设，没有法子可以证实的了。至多只可以说，"执其见功，以虚见其形"；或者说，"观其玄虚，用其周行，强字之曰道，然后可论"。悬想一切理必有一个不死不衰而无定理的原理，勉强叫它作"道"，以便讨论而已。故道的观念只是一个极大胆的悬想，只是一个无从证实的假设（参看《古代哲学史》第三篇四）。

究竟一切物理之上是否必须假定一个道？这个问题，道家学者似乎都不曾细细想过。他们不但认定这个假设是必不可少的，并且相信这个假设是满意的，是真实的，故他们便大胆地咬定那个"无常操"而常存，"不得不化"而自身"无攸易"的道，便是"万物之所以成，万物之所以然，得之以死，得之以生，得之以败，得之以成"。

《淮南王书》的作者便这样默认了那"道"的假设，作为基本思想。全书开篇便武断地说：

夫道者，覆天载地，廓四方，柝八极，高不可际，深不可测，包裹天地，禀授无形；原流泉浡，冲而徐盈；混混滑滑，浊而徐清。故植之而塞于天地，横之而弥于四海，施之无穷而无所朝夕，舒之幎于六合，卷之不盈于一握。约而能张，幽而能明，弱而能强，柔而能刚。横四维而含阴阳，纮宇宙而章三光。甚淖而㳽，甚纤而微。山以之高，渊以之深，兽以之走，鸟以之飞，日月以之明，星历以之行。(《原道》，参看《庄子·大宗师》篇，"夫道有情有信"一节；又《韩非子·解老》篇也有这样的一段。)

这便不但是把"道"看作实有的存在，并且明白规定了它的特性：一是无往而不在；一是万物所以成的原因；一是纤微至于无形，柔弱至于无为，而无不为，无不成。

道是无法证明的，只可以用比喻来形容它。世间有形象之物，只有水勉强可以比喻。《原道训》说：

天下之物，莫柔弱于水，然而大不可极，深不可测，修（淮南王父名长，故长字皆作修）极于无穷，远沦于无涯，息耗减益，通于不訾（不訾，无量也）。上天则为雨露，下地则为润泽。万物弗得不生，百事不得不成。大包群生而无好憎，泽及蚑蛲而不求报，富赡天下而不既，德施百姓而不费。行而不可得穷极也，微而不可得把握也。击之无创，刺之不伤，斩之不断，焚之不然。淖溺流遁，错缪相纷，而不可靡散。利贯金石，强济天下。……无所私而无所公，靡滥振荡，与天地鸿洞；无所左而无所右，蟠委错纷，与万物终始，是谓至德。

我们试用此段说"水"的文字和上文说"道"的一段相比较，便可以看出《淮南书》形容"道"的话都是譬喻的，有些话可以形容水，有些可以形容气，有些可以形容光。正如《解老》篇所谓"观其玄虚，用其周行，强字之曰道"。正如老子说的：

有物混成，先天地生，寂兮寥兮，独立而不改，周行而不殆，可以为天下母。吾不知其名，字之曰道，强为之名曰大。

老子和后来道家的大贡献在此，他们的大错也在此。他们的大贡献在于超出天地万物之外，别假设一个"独立而不改，周行而不殆"的道，使中国思想从此可以脱离鬼神主宰的迷信思想。然而他们忘了这"道"的观念不过是一个假设，他们把自己的假设认作了有真实的存在，遂以为已寻得了宇宙万物的最后原理，"万物各异理，而道总稽万物之理"，有了这总稽万物之理的原理，便可以不必寻求那各个的理了。故道的观念在哲学史上有破除迷信的功用，而其结果也可以阻碍科学的发达。人人自谓知"道"，而不用求知物物之"理",这是最大的害处。

况且他们又悬想出这个"道"有某种某种的特别德性,如"清静"、"柔弱"、"无为"、"虚无"等等。这些德性还等不到证实,就被应用到人生观和政治观上去了!这些观念的本身意义还不曾弄清楚,却早已被一种似是而非的逻辑建立为人生哲学和政治思想的基本原则了。这也是早期的道家思想的最大害处。

即如上文说水的"至德",下文便接着说:

夫水所以能成其至德于天下者,以其淖溺润滑也。故老聃之言曰:"天下至柔驰骋天下之至坚,出于无有,入于无间,吾是以知无为之有益。"……是故清静者,德之至也,而柔弱者,道之要也。

水所以能"利贯金石,强济天下",并非因为水的柔弱无为,正因为水是一种勇猛的、继续不断的大力。高诱注说的好:

水流缺石,是其利(锋利)也。舟船所载无有重,是其强也。

这是柔弱清静吗?然而道家的哲学家却深信老子的话,以为水的譬喻真可以证明柔弱无为之有益了。

又如"虚无"也只是一种假设的德性,"有生于无"更是一个不曾证明的悬想。然而道家学者却一口咬定"无中生有"为真理了，从这上面想出一种"无中生有"的宇宙观来，又把这宇宙观应用到人生观上去，因而建立一种重虚无而轻实有的人生哲学。这种宇宙观在《淮南书》里说的最详细。《天文训》说：

天地未形，冯冯翼翼，洞洞浊浊，始曰太始（今本作太昭，从王念孙校改）。道始于虚廓，虚廓生宇宙（宇是空间，宙是时间），宇宙生气。气有涯垠，清阳者薄靡而为天，重浊者凝滞而为地。清妙之合专（抟）易，重浊之凝竭难，故天先成而地后定。天地之袭精（高注，袭，合也。精，气也）为阴阳，阴阳之专精为四时，四时之散精为万物。……

《精神训》有一段稍稍不同的说法：

古未有天地之时，惟象无形（这是说，那时只有象，而无形。惟字不误。后人不解此意，故高诱说："惟，思也。念天地未成形之时，无有形生。"俞樾又以为惟字是悃字之误。这都由于他们不讲"象"字之义。老子明说"无物之象"，是象在形先；有物然后有形，而无物不妨有象也。《易·系辞》说："在天成象，在地成形"）。窈窈冥冥，芒芠漠闵，澒蒙鸿洞，莫知其门。有二神（阴阳）

混生，经天营地，孔乎莫知其所终极，滔乎莫知其所止息。

于是乃别为阴阳，离为八极，刚柔相成，万物乃形。烦气为虫，精气为人。……

但是，说的比较最详细而有趣味的，要算《俶真训》：

有"始"者，有未始有"有始"者，有未始有夫"未始有有始"者。有"有"者，有"无"者，有未始有"有无"者，有未始有夫"未始有有无"者。（未始即是未尝，即是今日白话的"还没有"。）

这七个层次是原出于《庄子·齐物论》的，但《淮南书》把这七个层次都加上一个内容，作为一个宇宙观的间架。最初的时代是"未始有夫未始有有无"的时代，那时：

天地未剖，阴阳未判，四时未分，万物未生，汪然平静，寂然清澄，莫见其形。

其次是那"未始有夫未始有有始"的时代，那时代：

天含和而未降，地怀气而未扬，虚无寂寞，萧条霄霓，无有仿佛，气遂而大通冥冥者也。

这时代已有气了。接着便是那"未始有有无"的时代，那时还只有气：

包裹天地，陶冶万物，大通混冥！深闳广大，不可为外；析豪剖芒，不可为内；无环堵之宇，而生有无之根。

其次是那"未始有有始"的时代，那时：

天气始下，地气始上。阴阳错合，相与优游竞畅于宇宙之间，被德含和，缤纷茏苁，欲与物接而未成兆朕。

这时代天地已判了，阴阳也已分了，而万物还未生。其次是那"有始"的时代，那时：

繁愤未发，萌兆牙蘖，未有形埒垠堮，无无蠕蠕，将欲生兴而未成物类。

虽未成物类，而已有兆朕了，故说是"有始"。其次便是那"有有无"的时代了，那时：

万物掺落，根茎枝叶，青葱苓茏，萑蒐炫煌；蠉飞蠕动，蚑行哙息，可切循把握而有数量。

这是"有"。有之外，便是"无"：

视之不见其形，听之不闻其声，扪之不可得也，望之不可极也。储与扈冶，浩浩瀚瀚，不可隐仪揆度，而通光耀者。

"无"即是那浩浩瀚瀚，不可揆度，而可通光耀的空间。

这是道家的宇宙论。这个宇宙论的最大长处在于纯粹用自然演变的见解来说明宇宙万物的起源。一切全是万物的自己逐渐演化，自己如此，故说是"自然"。在这个自然演化的过程里，"莫见其为者而功既成矣"，正用不着什么有意志知识的上帝鬼神作主宰。这是中国古代思想的左派的最大特色。

然而，这里面也用不着一个先天地生而可以为天下母的"道"。道即是路，古人用这"道"字本取其"周行"之义。严格说来，这个自然演变的历程才是道。道是这演变的历程的总名，而不是一个什么东西。老子以来，这一系的思想多误认"道"是一个什么东西，是《淮南》说的那"覆天载地，高不可际，深不可测，弱而能强，柔而能刚……"的东西。道既是一个什么，在一般人的心里便和"皇天"、"上帝"没有多大分别了。道家哲人往往说"造化者"，其实严格的自然主义只能认一个"化"，而不能认有什么"造化者"。

这个自然演变的历程是个什么样子？天地万物是怎样自然演变出来的？这些问题都不容易解答。二千年来的科学家的努力还不曾给我们一个完全的答案。然而二千多年前的道家已断定这历程是"无中生有"的历程，"道始于虚廓，虚廓生宇宙"，"古未有天地之时，唯像无形"。这都是大胆的假设。其实他们所谓"虚廓"、"无形"，在今日看来，不过是两种：一是那浩瀚的空间，一是那"甚淖而渮，甚纤而微"当时人的肉眼所不能见的物质。即使有形之物真是出于那些无形之物，这也不过是一个先后的次序，其中并没有什么优劣高下的分别。然而道家却把先后认作优劣高下的标准：有生于无，故无贵于有；有形生于无形，故无形贵于有形。《原道训》说：

夫无形者，物之大祖也。无音者，声之大宗也。其子为光，其孙为水，皆生于无形乎？夫光可见而不可握，水可循而不可毁，故有像之类,莫尊于水。出生入死,自无跞有;自无跞有(此句今本皆作"自有跞无",高诱所见本已如此,故注云:"自有形适无形,不能复得,道家所弃。"我以为依全文语气,此句当作"自无跞有",后人不明其义,妄依《精神训》改其文,今校正),而以衰贱矣。

如《俶真训》说:

若光耀之间(陈观楼云,间当依《庄子》作问。适按,在此地不改更通)于无有,退而自失也,曰,予能有无而未能无无也。及其为无无,至妙何从及此哉?(此文又见《庄子·知北游》篇)

无形为太祖,其子为光,其孙为水。光在有无之间,能有而无,不能无而无,已不是"至妙"了。水已有形可循,故又低一代。以下"自无跞有",一代不如一代,"而以衰贱矣"。这种主观的推论遂造成崇虚无而轻实有的人生观,流毒无穷,其实全没有根据,又不合逻辑。即使无形是太祖而光与水真是子与孙,难道子必不如父吗?孙必不如祖吗?有什么客观的证据可以证明无形贵于有形呢?

(原载胡适:《中国中古思想史长编》,
安徽教育出版社 2003 年版)

后 记

西南联大作为近代以来扎根中国大地办教育的一个典范，其历史功绩已载入史册，她所蕴含的精神至今仍熠熠生辉。目前，社会各界关注西南联大者越来越多，有关西南联大的研究渐成"显学"。历史是时代前行最好的坐标，我们走得再远都不能忘记来时的路。多年来，西南联大博物馆坚定当好西南联大精神的守护者、传承者和实践者，持续不断地挖掘、整理和利用西南联大历史资料，在此基础上进行展览展示、宣传教育、研究阐释等诸多工作，传承和弘扬西南联大精神，讲好西南联大教育救国故事。

"西南联大名师课"丛书是西南联大博物馆与东方出版社共同策划、勠力打造的挖掘、整理西南联大历史资料的一项成果。在整套丛书的编纂过程中，西南联大博物馆的李红英、朱俊、铁发宪、祝牧、张沁、王欢、李娅、姚波、马艺萌等老师参加了各册的选编、审校工作，博物馆其他同志也为编纂提供了保障支持，这是本套丛书顺利面世的重要保障。

高山仰止，景行行止。西南联大名家荟萃，大师们的学识博大精深。编纂这套丛书，我们一方面深感意义重大，另一方面也感到责任重大。由于时间仓促、水平有限，本丛书难免存在遗漏或不当之处，尚望联大校友及其亲属、专家学者和读者朋友批评指正。还有少量作者的亲属未联系上，敬请见到本套丛书后发邮件至1071217111@qq.com，与我们取得联系，我们将按照国家相关规定支付稿酬、奉送样书。

编　者